城市轨道交通线网综合应急指挥系统研究与实践

贾文峥　徐安雄　主　编
宋晓敏　凌喜华　刘书浩　副主编

人民交通出版社股份有限公司
北　京

内 容 提 要

本书在总结梳理国内外城市轨道交通应急管理相关法规和标准的基础上，从城市轨道交通线网综合应急指挥系统的功能需求和应用场景出发，研究提出了线网综合应急指挥系统的架构、功能、系统接口、人机界面以及系统应用等，构建了城市轨道交通线网综合应急指挥系统的基本框架，为提升城市轨道交通应急指挥能力提供了技术保障。

本书可供城市轨道交通运营管理和安全应急领域的学者、专业技术人员和管理人员，以及交通运输、安全管理专业的在校学生使用。

图书在版编目（CIP）数据

城市轨道交通线网综合应急指挥系统研究与实践/贾文峥，徐安雄主编.—北京：人民交通出版社股份有限公司，2022.10

ISBN 978-7-114-18221-1

Ⅰ．①城… Ⅱ．①贾…②徐… Ⅲ．①城市铁路—轨道交通—应急系统—指挥系统—研究—中国 Ⅳ．①U239.5

中国版本图书馆 CIP 数据核字（2022）第 174450 号

Chengshi Guidao Jiaotong Xianwang Zonghe Yingji Zhihui Xitong Yanjiu yu Shijian

书　　名：	城市轨道交通线网综合应急指挥系统研究与实践
著　作　者：	贾文峥　徐安雄
责任编辑：	姚　旭
责任校对：	席少楠　卢　弦
责任印制：	刘高彤
出版发行：	人民交通出版社股份有限公司
地　　址：	（100011）北京市朝阳区安定门外外馆斜街 3 号
网　　址：	http://www.ccpcl.com.cn
销售电话：	(010)59757973
总　经　销：	人民交通出版社股份有限公司发行部
经　　销：	各地新华书店
印　　刷：	北京虎彩文化传播有限公司
开　　本：	720×960　1/16
印　　张：	9.75
字　　数：	180 千
版　　次：	2022 年 10 月　第 1 版
印　　次：	2023 年 7 月　第 2 次印刷
书　　号：	ISBN 978-7-114-18221-1
定　　价：	80.00 元

（有印刷、装订质量问题的图书，由本公司负责调换）

城市轨道交通线网综合应急指挥系统研究与实践

编委会

杨新征　刘　毅　冯旭杰　饶　咏

编写组

主　　编　贾文峥　徐安雄
副 主 编　宋晓敏　凌喜华　刘书浩
成　　员　赵　月　李松峰　陈　辉　李向红　刘　悦
　　　　　　胡雪霏　王　磊　刘从岗　李岩冉　姚伟国
　　　　　　赖　琦　龙宏德　梁　成　黄　嘉　刘江林
　　　　　　熊振兴　汪　侃　于德涌　葛　鑫　王　洋
　　　　　　刘泽君　马凌志　孙　斌　唐金金　沙　茜
　　　　　　唐水雄　胡　昊　欧阳德胜　黄纯强　徐　磊
　　　　　　海增辉　宋季承　李文芳　袁希龙　王　鑫
　　　　　　杨　川　陈　诚　龚云海　孟　悦　崔　岩
　　　　　　杜　珊　张开翼　吴　可　林　翊　徐海君
编写单位　交通运输部科学研究院
　　　　　　成都轨道交通集团有限公司

前言
PREFACE

城市轨道交通已成为城市居民出行的重要交通工具，伴随社会经济的发展，乘客出行需求也日益多样化，包括出行同城化、乘客智能导引、多元化支付等。近年来，城市轨道交通发展迅速，城市轨道交通网络化运营规模逐渐扩大，线路之间关联度越来越高，运营突发事件影响范围和严重程度具有更大的不确定性，网络化运营对突发事件处置要求逐渐提高，也对运输组织、客运服务、应急调度、维修响应、运营安全管理各业务数据之间高效衔接和利用提出了更高要求。网络化运营突发事件应急工作极其复杂，涉及线网运作规模、组织架构特点等，同时还需要建立应急预案体系，包含综合应急预案、专项应急预案和现场处置方案等。

我国各级政府和企业不断强化应急管理工作，近年来，突发事件应急体系建设取得重要进展。《国家突发事件应急体系建设"十三五"规划》明确指出，强化城市公交和轨道交通等行业领域安全监管及风险管控；大力推进城市轨道交通等重大工程设施地震预警和紧急处置技术应用；推进生命线工程全生命周期风险管理，做好城市轨道交通等运行使用的风险评估与安全监管。《"十四五"国家应急体系规划》指出，加强城市地下轨道交通专业救援力量建设；城市轨道交通领域要开展运营保护区巡查，违规施工作业、私搭乱建、堆放易燃易爆危险品等专项整治活动。

应急事件具有突发性，能否正确、快速处置，全靠平时积累，只有把功夫下在平时，全面辨识面临的各种风险，并做好充分的应急准备，才能在突发事件发生时做到胸有成竹、成功应对。

本书是国家重点研发计划项目"支撑现代交通运输服务能效提升关键技术标准研究"课题五"城市轨道交通运营测试和监管关键技术标准研究"（课题编号：2017YFF0207505）研究成果，主要总结了国内外城市轨道交通运营突发事件应急管理的法律法规、标准规范和主要做法，同时介绍了城市轨道交通线网综合应急指挥系统技术要求的相关研究内容和成果。

本书共六章。第一章为概述，主要梳理应急管理的相关国际组织、近年来我国典型突发事件以及我国城市轨道交通应急管理等背景情况。第二章为国内外应急管理相关法规与标准规范，主要分析英国、美国、日本和我国应急管理的相关法规和标准。第三章为城市轨道交通线网综合应急指挥系统功能与数据采集，主要论述线网综合应急指挥系统的功能需求，以及数据采集的相关要求等。第四章为城市轨道交通线网综合应急指挥系统架构与接口，主要描述系统架构以及与线路信号系统、清分系统等接口。第五章为城市轨道交通线网综合应急指挥系统人机界面与使用，主要介绍人机界面设计、人机界面规划、操作流程和大屏幕等。第六章为典型案例分析，主要以水淹、地震等自然灾害以及火灾、列车脱轨等事故灾难等案例，分析事件处置过程和应急指挥要点。

本书由交通运输部科学研究院、成都轨道交通集团有限公司共同编写，在编写过程中，深圳地铁集团有限公司、北京交通大学和上海宝信软件股份有限公司提供了大力支持，编写组在此表示衷心感谢。本书观点是根据课题调研报告和主要研究成果提炼形成的，不当之处，敬请读者批评指正。

编委会
2022 年 4 月

目 录
CONTENTS

第一章　概述 /1

第一节　应急管理相关背景 …………………………………… 2
第二节　应急管理发展要求 …………………………………… 5
第三节　城市轨道交通应急管理 ……………………………… 10
第四节　本章小结 ……………………………………………… 11

第二章　国内外应急管理相关法规与标准规范 /12

第一节　国外情况 ……………………………………………… 13
第二节　国内情况 ……………………………………………… 23
第三节　国内外情况比较分析 ………………………………… 36
第四节　本章小结 ……………………………………………… 38

第三章　城市轨道交通线网综合应急指挥系统功能与数据采集 /39

第一节　背景 …………………………………………………… 40
第二节　系统功能架构 ………………………………………… 41
第三节　系统动态信息采集需求 ……………………………… 45
第四节　数据采集与信息集成 ………………………………… 54
第五节　本章小结 ……………………………………………… 65

第四章　城市轨道交通线网综合应急指挥系统架构与接口 /67

第一节　系统主体架构 ·· 68
第二节　附属系统 ·· 74
第三节　系统接口与信息传输 ·· 78
第四节　本章小结 ·· 89

第五章　城市轨道交通线网综合应急指挥系统人机界面与使用 /90

第一节　人机界面设计 ·· 91
第二节　人机界面规划 ·· 93
第三节　操作流程 ·· 101
第四节　大屏幕 ·· 102
第五节　系统应用 ·· 104
第六节　本章小结 ·· 109

第六章　典型案例分析 /110

第一节　水淹案例 ·· 111
第二节　地震案例 ·· 115
第三节　车站火灾案例 ·· 124
第四节　区间火灾案例 ·· 127
第五节　列车脱轨案例 ·· 130
第六节　本章小结 ·· 138

本书涉及缩略词 /139

参考文献 /141

第一章 概述

城市规模的不断扩大和城市地区经济社会的不断发展,是城市经济增长和财富积累的引擎,这种增长在社会改善、文化、教育和其他方面产生了积极影响。然而,经济的快速增长,加上城市地区人口快速增长,也增加了城市的脆弱性和灾害的暴露程度。应急管理是人类应对各类灾害活动的总称,包括自然的、人为的以及其他不可预期的灾害。应急管理涉及风险管理、应急准备、应急响应等复杂的技术和管理活动,是个人、团体、单位和国家的一项重要能力。本章主要介绍应急管理的有关国际组织、我国的国际交流与基础科学研究等背景情况,阐述当前我国应急管理体系建设和进展情况,分析应急管理在国家治理体系和治理能力现代化中的组成和作用,同时对重大安全风险防范、应急联动机制等进行探讨。本章结合我国城市轨道交通运营发展情况以及城市轨道交通典型运营突发事件,简要分析我国城市轨道交通运营应急管理基本情况、面临的形势和要求。

城市轨道交通线网综合应急指挥系统研究与实践

第一节 应急管理相关背景

水灾、地震、火山喷发等自然灾害始终伴随着人类的生活，尤其是工业革命和城镇化带来的人类活动加剧，在很大程度上加剧了自然灾害的破坏性，使得自然灾害更加频繁，同时还产生了粮食危机、传染病、极端天气、生物多样性丧失、微塑料等新的风险。2019 年发布的《联合国减少灾害风险全球评估报告》(UN Global Assessment Report on Disaster Risk Reduction, GAR) 分析表明，改变和强化人们对减少灾害风险的认识已经迫在眉睫，世界的努力不能仅是为了保护社会和经济发展不受"外部"事件冲击的影响，而应该集中注意处理产生和再现灾害风险的根本因素，这些因素包括自然灾害和生产事故等。其中，一部分灾害来自自然界，但大多数灾害都涉及人类活动，或者说，很多灾害风险是由社会和经济发展行动本身推动而引发的。

灾害的发生总是与很多威胁和隐患有关，这些因素互相叠加，随着时间延长而不断积累，遇到外部环境或人为因素的某种刺激，就会诱发突发事件，从而形成灾害。应急管理(Emergency Management) 是专门以"突发事件"为对象，揭示突发事件的发生和发展规律，探寻防灾减灾、应对和恢复的过程，是复杂的、开放的、巨大的系统工程。与应急管理相关的词汇包括灾害、突发事件、危机管理、防灾减灾、救灾、应急救援等。突发事件具有突发性、难以预先感知和破坏性等特点，包括自然的、人为的或其他不可预期的灾害，应急管理的目的就是采用各种手段，有效地预防和阻止灾害发生，控制和减少灾害给人类带来的痛苦和损失。

一、应急管理国际组织

为有效应对各类突发事件，国内外政府和相关机构，包括相关国际组织、行业学会、科研院所和高等院校等持续开展了大量基础工作。其中，相关国际组织主要包括国际民防组织、国际应急管理人员协会、亚洲防灾中心、国际应急管理学会和联合国减灾办公室等。

国际民防组织(International Civil Defence Organization, ICDO) 是从 1931 年发展起来的，最初为非政府组织，1972 年以后成为政府间组织，我国于 1992 年加入该组织。该组织的主要职责是传播世界范围的民防活动信息，开展国际民防组织间的信息交流；协调各国民防组织间救助合作，推动国际人道主义救助行动；计划和组

织民防人员和民防骨干的培训,编写民防培训教程等。1990年,国际民防组织大会确定每年3月1日为世界民防日,目的是在全世界范围内引起公众对于国际民防的重视,增强公众备灾、防灾以及自我保护意识。

国际应急管理人员协会(The International Association of Emergency Managers,IAEM)于1952年在美国成立,通过推广应急管理原则、认证应急经理等项目,推动应急管理的国际化,并于2008年成立了亚洲理事会。IAEM中国区成立于2010年,注册名称为上海联合减灾与应急管理促进中心,是参与城市风险治理的社会组织。

亚洲防灾中心(Asian Disaster Preparedness Center,ADPC)成立于1986年,是一个自主的国际组织,致力于在亚洲和太平洋地区建立应对灾害和气候变化影响的能力,为该地区各国提供社会和自然科学方面的综合技术服务,就风险治理、城市防灾、自然灾害的应急准备和复原力等实施跨部门合作方案,支持落实相关国际防灾合作框架。

国际应急管理学会(The International Emergency Management Society,TIEMS)于1993年在美国华盛顿成立,致力于应急和灾害管理的教育、培训和认证。TIEMS于2006年迁至比利时,在比利时注册成为一个独立、非营利性的国际非政府组织。TIEMS组织国际会议、研讨会和展览以及研究和技术开发项目等,促进应急和灾害管理的创新方法和新技术交流。TIEMS在全球有17个委员会,包括中国、印度、日本、法国、芬兰、美国、南非等,2009年成立了TIEMS中国委员会。

联合国减灾办公室(United Nations Office for Disaster Risk Reduction,UNDRR)成立于1999年12月,总部在瑞士日内瓦,在美洲、欧洲、亚洲和非洲等地设有多个区域办事处,负责国际减灾战略指导、监测和分析,跟踪《2015—2030年仙台减少灾害风险框架》执行进展情况,支持区域和国家实施该框架,分享在减少现有风险和防止新风险方面的有效措施,并推动各方采取行动。其致力于发挥联合国减灾活动在发达国家和欠发达国家的协同效应。

二、应急管理交流合作

2000年之前,我国政府和社会各界对应急管理的关注点主要在核事故、化学事故、水灾、地震等重大灾害方面,例如1993年颁布的《核电厂核事故应急管理条例》、1994年颁布的《核事故医学应急管理规定》《化学事故应急救援管理办法》、1995年颁布的《破坏性地震应急条例》。2003年"非典"疫情以后,应急管理的体制机制、理论方法得到更加广泛关注和探索。我国在2003年出台了《突发公共卫生事件应急条例》，应急管理更加重视突发公共卫生事件、自然灾害、城市灾害等综合防灾领域，应急管理体制方面也在进行持续改革和完善。此后，我国于2007年出台了《中华人民共和国突发事件应对法》。

我国政府高度重视应急管理领域国际交流与合作，自2003年以来举办了多次国际论坛，旨在促进政府应急管理研究，借鉴国际应急管理经验，建立健全我国应急管理体系和机制，进一步提高政府应对各种突发事件和风险的能力。2003年，国家外国专家局、中国行政管理学会、中国国际人才交流协会、中国社会科学院经济学博士中心等单位在北京共同举办首届"政府应急管理国际论坛"，邀请了美国、德国、澳大利亚等国的应急管理机构和专家交流经验，共同探讨政府应急管理体系建设、突发事件预警和应急机制、危机处理原则和方法、政府应急管理国际经验与教训等。

2020年，"应急管理创新国际论坛"在北京召开，主题是"积极推进应急管理体系和能力现代化"，围绕防范化解重大风险、健全完善应急管理体系、提升应急处突能力、突发公共卫生事件应急管理、应急管理科技装备与应急产业发展、"一带一路"安全发展与应急管理等主题进行了充分讨论。

2021年，"一带一路"自然灾害防治和应急管理国际合作部长论坛以视频形式在北京启动，"一带一路"有关国家应急管理部门和国际、地区组织的主要负责人线上参会，围绕"加强灾害风险防范、提升应急管理能力"主题进行深入交流，论坛通过了《"一带一路"自然灾害防治和应急管理国际合作北京宣言》。

三、应急管理科学研究

我国高度重视应急管理领域的科学研究工作，尤其是近年来，随着经济社会的不断发展，针对新涌现的风险和非常规突发事件开展了许多有针对性的风险防范和应急管理研究。

2008年，国家自然科学基金委员会启动实施了"非常规突发事件应急管理研究"重大研究计划，提出了3个核心问题：非常规突发事件的信息处理与演化规律建模、非常规突发事件的应急决策理论、紧急状态下个体和群体的心理与行为反应规律。

2016年，国家重点研发计划"公共安全风险防控与应急技术装备"重点专项开始启动，面向公共安全保障的国家重大战略需求，重点围绕公共安全共性基础科学问题、国家公共安全综合保障、社会安全监测预警与控制、生产安全保障与重大事故防控、国家重大基础设施安全保障、城镇公共安全风险防控与治理、综合应急技术装备等关键科技瓶颈问题,开展基础理论研究、技术攻关、装备研制和应用示范,旨在大力提升我国公共安全预防准备、监测预警、态势研判、救援处置、综合保障等关键技术水平。

2017年,"重大自然灾害监测预警与防范"列入国家重点研发计划,面向重大自然灾害监测预警与防范的国家重大战略需求,针对重大地震灾害、重大地质灾害、极端气象灾害、重大水旱灾害综合监测预警与防范中的核心科学问题,开展科研攻关和应用示范,以期在成灾理论、关键技术、仪器装备、应用示范、技术及风险信息服务产业化等方面取得重大突破,形成多尺度分层次重大自然灾害监测预警与防范科技支撑能力,建立一批高水平科研基地和高层次专业人才队伍。

2021年,国家社会科学基金重大项目"提升我国应急管理体系与能力现代化水平研究"启动,重点围绕应急管理体系与应急管理能力,针对我国实践开展基础理论创新。

四、应急管理发展特点

总体来看,近年来,我国应急管理的发展表现出以下几个特点:

(1)由单纯的突发事件应急处置向减灾防灾、监测预警等应急准备转变,更加重视应急准备工作;

(2)由政府主导为主向政府主导、非政府组织参与、全社会协同、公众自助互助转变,更加强调综合应急能力;

(3)从单个地区或单个部门的应急管理向区域协调、部门联动转变,更加强调区域联动和部门联动;

(4)从单个灾害的应急向综合性防灾减灾、应急处置与社会治理转变,应急管理成为国家治理体系和治理能力的重要组成部分;

(5)国际交流与合作更加深入,在相关国际组织中发挥越来越重要的作用。

第二节 应急管理发展要求

自然灾害、事故灾难、公共卫生事件和社会安全事件,对现代社会和国家公共管理构成重大挑战,从源头防范化解重大风险,科学做好应急管理工作,是保障国家总体安全和人民生命财产安全的重要举措。

一、近年来典型突发事件

2015—2020年,国内发生的多起重大和特别重大事故,给人民群众的生命财产安全造成了巨大损失。2015年天津港"8·12"瑞海公司危险品仓库特别重大火灾爆炸事故、2019年江苏响水天嘉宜化工有限公司"3·21"特别重大爆炸事故、2019年长深高速公路江苏无锡"9·28"特别重大道路交通事故、2020年四川凉山州西昌市"3·30"森林火灾事件、2020年沈海高速公路温岭段"6·13"液化石油气运输槽罐车重大爆炸事故,均造成大量人员伤亡和财产损失,教训极其深刻,也暴露出应急管理工作的缺陷和短板。

2015年8月12日,位于天津市滨海新区天津港的瑞海公司危险品仓库发生火灾爆炸事故,国务院公布的《天津港"8·12"瑞海公司危险品仓库特别重大火灾爆炸事故调查报告》显示,天津港"8·12"瑞海公司危险品仓库火灾爆炸事故是一起特别重大生产安全责任事故。事故造成165人遇难(参与救援处置的公安现役消防人员24人,天津港消防人员75人,公安民警11人,事故企业、周边企业员工和居民55人)、8人失踪(天津港消防人员5人,周边企业员工、天津港消防人员家属3人),798人受伤住院治疗(伤情重及较重的伤员58人、轻伤员740人);304幢建筑物、12428辆商品汽车、7533个集装箱受损。截至2015年12月10日,事故调查组依据《企业职工伤亡事故经济损失统计标准》(GB 6721—1986)等标准和规定统计,核定事故直接经济损失人民币68.66亿元。

2019年3月21日,位于江苏省盐城市响水县生态化工园区的天嘉宜化工有限公司发生特别重大爆炸事故,造成78人死亡、76人重伤、640人住院治疗,直接经济损失人民币19.86亿元。经国务院调查组认定,江苏响水天嘉宜化工有限公司"3·21"特别重大爆炸事故是一起长期违法储存危险废物导致自燃进而引发爆炸的特别重大生产安全责任事故。

2019年9月28日,长深高速公路江苏无锡段发生一起大客车碰撞重型半挂汽车列车的特别重大道路交通事故,造成36人死亡、36人受伤,直接经济损失人民币7100余万元。调查认定,长深高速公路江苏无锡"9·28"特别重大道路交通事故是一起生产安全责任事故。

2020年3月30日,四川凉山州西昌市经久乡和安哈镇交界的皮家山山脊处发生森林火灾,在救援过程中因火场风向突变、风力陡增、飞火断路、自救失效,致使参与火灾扑救的19人牺牲、3人受伤。这起森林火灾造成各类土地过火总面积3047.7805hm^2,综合计算受害森林面积791.6hm^2,直接经济损失人民币

9731.12万元。《凉山州西昌市"3·30"森林火灾事件调查报告》显示，这是一起受特定风力、风向作用导致电力故障引发的森林火灾。从调查中发现，凉山州及西昌市存在贯彻落实党中央国务院和省委省政府的相关部署要求不及时、不到位，"生命至上、安全第一"的思想未能根本树立，责任落实有空档，森林火灾应急预案的操作性、针对性、科学性不强，森林草原防灭火基础设施历史欠账多、建设滞后，标本兼治的措施落实不力。尤其是凉山州西昌市"3·30"森林火灾发生后处置初期不规范，因准备不足、仓促上阵、应对乏力，个别干部失职、失责，特别是指令传达不及时、不准确、不顺畅，致使火灾扑救统筹协调不到位，加之灭火直升机因特殊天气未能充分发挥作用，在缺乏专家研判、火情不明的情况下贸然组织扑救，以致发生扑火人员重大伤亡。

2020年6月13日，位于台州温岭市的沈海高速公路温岭段温州方向温岭西出口下匝道发生一起液化石油气运输槽罐车重大爆炸事故，造成20人死亡、175人入院治疗（其中24人重伤），直接经济损失人民币9477.815万元。《沈海高速公路温岭段"6·13"液化石油气运输槽罐车重大爆炸事故调查报告》显示，经事故调查组认定，沈海高速公路温岭段"6·13"液化石油气运输槽罐车爆炸事故是一起液化石油气运输槽罐车超速行经高速公路匝道引起侧翻、碰撞、液化石油气泄出，进而引发爆炸的重大生产安全责任事故。

二、应急管理的地位和作用

应急管理是国家治理体系和治理能力的重要组成部分，直接影响一个国家的总体安全与永续发展。党的十八大以来，以习近平同志为核心的党中央高度重视应急管理体系和能力建设，要求防范和化解重大安全风险，不断健全公共安全体制机制。

1. 应急管理是国家治理体系和治理能力的重要组成部分

2018年3月，根据第十三届全国人民代表大会第一次会议批准的国务院机构改革方案，设立中华人民共和国应急管理部，负责组织编制国家应急总体预案和规划，指导各地区各部门应对突发事件工作，推动应急预案体系建设和预案演练等工作。

2019年10月31日，党的十九届四中全会审议通过《中共中央关于坚持和完善中国特色社会主义制度、推进国家治理体系和治理能力现代化若干重大问题的决定》，要求健全公共安全体制机制，提出"完善和落实安全生产责任和管理制度，建立公共安全隐患排查和安全预防控制体系。构建统一指挥、专常兼备、反应灵敏、上下联动的应急管理体制,优化国家应急管理能力体系建设,提高防灾减灾救灾能力。"

2019年11月29日,中共中央政治局就我国应急管理体系和能力建设进行第十九次集体学习。中共中央总书记习近平在主持学习时强调,应急管理是国家治理体系和治理能力的重要组成部分,承担防范化解重大安全风险、及时应对处置各类灾害事故的重要职责,担负保护人民群众生命财产安全和维护社会稳定的重要使命。要发挥我国应急管理体系的特色和优势,借鉴国外应急管理有益做法,积极推进我国应急管理体系和能力现代化❶。

2021年3月11日,中华人民共和国第十三届全国人民代表大会第四次会议通过了《中华人民共和国国民经济和社会发展第十四个五年规划和2035年远景目标纲要》,其中第五十四章"全面提高公共安全保障能力"第四节"完善国家应急管理体系"指出:"构建统一指挥、专常兼备、反应灵敏、上下联动的应急管理体制,优化国家应急管理能力体系建设,提高防灾减灾抗灾救灾能力。坚持分级负责、属地为主,健全中央与地方分级响应机制,强化跨区域、跨流域灾害事故应急协同联动。开展灾害事故风险隐患排查治理,实施公共基础设施安全加固和自然灾害防治能力提升工程,提升洪涝干旱、森林草原火灾、地质灾害、气象灾害、地震等自然灾害防御工程标准。加强国家综合性消防救援队伍建设,增强全灾种救援能力。加强和完善航空应急救援体系与能力。科学调整应急物资储备品类、规模和结构,提高快速调配和紧急运输能力。构建应急指挥信息和综合监测预警网络体系,加强极端条件应急救援通信保障能力建设。发展巨灾保险。"

2. 新冠肺炎疫情是对我国应急管理能力的一次大考

2020年,全国和世界范围内暴发新冠肺炎疫情,公众更加关注公共安全和应急管理。与其他各类突发公共事件相比,新冠肺炎疫情具有暴发突然性、高度不确定性、高度危险性和决策紧迫性等特点,疫情是在毫无征兆的情况下突然暴发的,疫情初期对病毒传播链条、传播速度、致死率等都存在不确定性,给疫情防控带来巨大困难。这种不确定性严重威胁着人民群众的生命财产安全,这就要求在尚未充分掌握病毒机理的条件下尽快作出应急决策。

应急管理最大的挑战,就是要在不确定的情况下尽快作出应急决策。疫情暴发后,党中央高度重视,迅速作出部署,全面加强对疫情防控的集中统一领导,始终

---

❶ 出自《人民日报》(2019年12月01日01版)。

把人民生命安全和身体健康放在第一位，集中全国范围内优秀的人力物力投入疫情防控和救治，快速开展基因测序、检测试剂盒和疫苗研制等工作。同时，动员全民参与疫情防控，通过多种形式宣传病毒传播的危害性，全民严格遵守居家隔离、逐步复工复产等疫情防控措施，经过艰苦卓绝的努力，疫情防控取得积极成效。

3. 建立和完善风险防范化解机制是一项长期任务

绝大多数造成重大事故的灾害事件，其应急决策要求极其迫切，应急救援的时间极短、空间极小，客观上需要从事故管理前移到风险管理，通过多种手段进行有效的风险识别和预报预警，强化源头管理，健全风险防范化解机制，将事故消灭在萌芽状态。做好源头管理，需要在风险评估、监测预警和应急预案与应急准备等方面做深做实，提升多灾种和灾害链综合监测、风险早期识别和预报预警能力。建立和完善风险防范化解机制是一项长期任务，各地政府、行业和企业研究和建立了多种的事故案例库、风险库、应急管理平台、辅助决策平台等，在风险识别、辅助决策和应急处置方面发挥了一定的作用。从目前情况来看，完善风险早期识别和预报、预警机制，切实有效做好风险的早期识别、预测预报，同时进行有效的风险沟通，确保所有参与者正确行动，落实好风险管控工作等，还面临着非常艰巨的任务。另外，灾害发生时往往不是单一灾种，而是以多灾种的形式或逐步演变成多灾种发生，目前在多灾种、灾害演变链条的综合监测方面，仍面临诸多难题需要破解。

2020年4月1日，国务院安全生产委员会印发《全国安全生产专项整治三年行动计划》，这是新时代人民群众对增强全社会安全感提出的新要求。三年专项整治聚焦风险高隐患多、事故易发多发的煤矿、非煤矿山、危险化学品、消防、道路运输、民航铁路等交通运输、工业园区、城市建设、危险废物9个行业领域，组织开展安全整治，深化源头治理、系统治理和综合治理，完善和落实重在"从根本上消除事故隐患"的责任链条、制度成果、管理办法、重点工程和保障机制，建立安全隐患排查和安全预防控制体系。

4. 发挥科技创新作用提升应急管理现代化水平

加强应急救援队伍建设是推进我国应急管理体系和能力现代化的重要保证。推进应急管理能力建设，要充分发挥科技支撑作用，以信息化推进管理现代化。要强化应急管理装备技术支撑，优化整合各类科技资源，推进应急管理科技自主创新，依靠科技提高应急管理的科学化、专业化、智能化、精细化水平。通过人工智能、AR（Augmented Reality，增强现实）实景融合等新技术，建立和完善科学的应急预案，开发专业应急装备，实施智能化的风险监测、评估和预报预警，以及精细化日常管理等方面，需要不断提升能力，实现应急管理现代化水平。

第三节　城市轨道交通应急管理

　　城市轨道交通具有空间相对密闭、客流高度集中、突发事件成因复杂等特点，对应急处置要求极高。尤其是在地下空间运行的地铁，发生运营突发事件时如果处理不当，极易导致重特大事故。提高应急处置能力是发生故障和事故时降低影响、减少损失的最后一关。近年来，我国陆续出台了城市轨道交通运营应急管理的相关法规和制度，逐步建立和完善了城市轨道交通应急管理体系。

　　交通运输部作为主管城市轨道交通运营的政府部门，对城市轨道交通运营应急能力建设工作高度重视。城市轨道交通运营应急管理与安全管理一脉相承。城市轨道交通运营安全管理以风险和隐患为主要抓手，通过风险分级管控和隐患排查治理等安全管理工作，将城市轨道交通的运营安全风险控制在可接受水平。然而，安全是相对的，当安全管控的多个因素出现漏洞或者由于外部环境变化时，不可避免会发生险性事件。

　　因此，为有效控制险性事件后果的严重程度，运营主管部门和运营单位需针对风险辨识结果以及排查出的各类隐患制定应急预案，对应急组织机构的职责、监测预警和信息报告、响应和保障措施等提前作出应对方案。与此同时，为保证应急预案有效、应急人员可靠、应急物资可用、联动机制可行，运营主管部门和运营单位需经常性组织开展应急演练。应急预案和应急演练是为及时有效处置险性事件所做的提前安排和准备，科学的应急预案和有效的应急演练能够将各类险性事件的后果控制在可控的水平。此外，当运营单位发生险性事件时，通过险性事件的报告分析并建立案例库，有助于发现应急预案和应急演练中存在的问题，对应急预案的管理和应急演练的组织开展具有重要的指导意义。

　　近年来，国务院和交通运输部陆续出台了《国家城市轨道交通运营突发事件应急预案》（国办函〔2015〕32号）、《城市轨道交通运营突发事件应急演练管理办法》（交运规〔2019〕9号）、《城市轨道交通运营险性事件信息报告与分析管理办法》（交运规〔2019〕10号）等政策文件和《城市轨道交通运营突发事件应急预案编制规范》（JT/T 1051—2016）等相关标准文件，对应急预案、应急演练和险性事件管理等进行了规定。除此之外，《国务院办公厅关于保障城市轨道交通安全运行的意见》（国办发〔2018〕13号）、《城市轨道交通运营管理规定》（交通运输部令2018年第8

号)、交通运输部办公厅印发的《城市轨道交通初期运营前安全评估技术规范 第1部分:地铁和轻轨》(交办运〔2019〕17号)、《交通运输部办公厅关于印发城市轨道交通运营期间安全评估规范的通知》(交办运〔2019〕84号)、《城市轨道交通设施设备运行维护管理办法》(交运规〔2019〕8号)、《城市轨道交通运营安全风险分级管控和隐患排查治理管理办法》(交运规〔2019〕7号)等文件也从不同角度对应急能力建设工作提出了相关要求。以《城市轨道交通运营管理规定》为例,其规定了突发事件处置工作机制、应急队伍建设、应急演练、安全警示标志、应急救援、客流监测、运营安全重大故障和事故报告制度以及安全教育等内容。

与此同时,运营单位突发事件应急能力建设方面仍较为薄弱,风险管控难度的日益增加和应急能力不足的矛盾较为突出。我国城市轨道交通运营规模持续增长,运营单位面临很大的新线接管和网络化运营任务,相比来讲,在应急准备、风险沟通、应急救援和应急装备等方面的能力建设相对薄弱。应急管理的关键是做好应急准备,而且应当贯穿应对突发事件的全过程,应急准备包括应急预案、人员、物资与装备以及日常演练等。2020年和2021年新冠肺炎疫情反复跌宕,对城市轨道交通常态化应急能力提出了挑战。同时,近两年发生的运营险性事件表明,城市轨道交通运营单位的风险监测和预警能力有待增强,尤其是对于暴雨、风暴潮等自然灾害的监测预警,以及获取预警信息后的风险沟通能力方面,只有做好快速、准确的风险沟通,才能开展及时有效的应急响应。另外,应急预案与实际应急场景之间的差距、地下空间遭遇火灾或水淹时的应急排烟、应急排水装备等,都是迫切需要研究和解决的问题。

第四节　本章小结

应急管理是人类生产生活中的一项重要活动,随着人口在城市不断聚集、各类生产活动复杂性增加以及自然灾害频发,人类遭遇各类灾害的可能性不断攀升。目前,应急管理已成为国家治理体系和治理能力的重要组成部分。各国政府、国际组织和科研机构等在防灾减灾、应急响应和救援等应急管理领域开展了大量研究和实践工作。城市轨道交通是重要的城市基础设施,列车、车站等客流集中,各类突发事件对运营安全构成重大威胁,尤其是在地下空间运行的地铁,应急救援难度极大,需要持续提升风险监测和预警能力,最大限度避免灾害发生。

第二章 国内外应急管理相关法规与标准规范

本章主要阐述国内外城市轨道交通运营应急管理的相关法规与标准规范,重点分析英国、美国和日本(包括英国铁路安全与标准化委员会、美国联邦应急管理署以及日本灾害对策本部等)在轨道交通应急管理领域的典型做法,以及相关机构、法规和标准规范等。同时,阐述近年来我国城市轨道交通运营应急管理领域发布的相关法规和标准规范,分析在关键岗位、应急物资与设施设备、应急管理制度等方面的进展情况。

第二章　国内外应急管理相关法规与标准规范

第一节　国外情况

一、英国

英国政府注重完善应急管理方面的法规和标准规范。2004年,英国政府制定了《国内紧急状态法》(Civil Contingencies Act 2004),依托该法规,建立了包括应急准备、应急预案、应急演练以及应急教育培训在内的多个指导性文件,建立了相对完备的应急管理体系,其突出特点是明确规定鼓励自愿和社区组织参与应急管理工作。同时,英国政府还高度重视技术标准的引领作用。

1. 鼓励联合防灾减灾

英国政府鼓励多部门相互协作,将非政府组织和社区纳入应急管理体系,并通过法规形式予以明确。同时,通过多种方式支持志愿组织建立各种专业性应急队伍,弥补政府应急资源不足的状况,充分发挥各类志愿组织的救灾作用。1998年,英国政府发布了《政府与志愿及社区组织合作框架协议》(The Compact on Relations between Government and the Voluntary and Community Sector),详细规定了英国内政部、文化部和独立于政府的英国慈善委员会分别作为慈善组织与政府间的协调机构、资助机构、登机注册及监督机构的具体职能,对政府和非政府组织的行为进行规范。依托2004年制定的《国内紧急状态法》,英国政府建立了《应急准备》(Emergency preparedness Guidance)和《应急处置和恢复》(Emergency response and recovery Guidance)等指导文件,详细规定了非政府组织的权利和义务,形成了地方性法规和部门规章相结合、政府主导和志愿者组织参与的应急管理体系。同时,内阁办公室民事应急秘书处和英国红十字会设立了志愿部门民事保护论坛(Voluntary Sector Civil Protection Forum,VSCPF),为政府、紧急服务机构、地方当局和志愿组织之间的接触提供了一个框架。

此外,社区组织也是英国防灾救灾体系的重要组成部分,政府积极引导和提升社区的自救互救能力,通过政府网站公布防灾知识、救灾电话以及灾害保险等信息,为社区寻找救灾资源提供有效途径,通过社区组织加强政府与志愿者组织的联系。

2. 建立完善的标准规范

英国铁路安全与标准委员会(Rail Safety and Standards Board,RSSB)成立于

2003年，通过研究、制定标准与分析标准使用情况，积极帮助行业共同努力，推动英国铁路系统包括城市轨道交通系统的改进，为铁路运营的各个方面（包括标准、可持续性、基础设施和车辆资产完整性、客户满意度、性能和安全等）提供信息和指导。根据RSSB官方网站公布的数据可知，由RSSB颁布的正在有效实施的标准、手册和各类指南总共超过3000项，其中涉及轨道交通应急领域的标准将近50项。

在城市轨道交通安全与应急管理领域，RSSB制定了包括人因风险、车辆防火、语音通信安全、用于安全管理智能系统的信息报告要求、列车紧急速度限制以及应急情况下列车司机工作票使用、轨道维护人员作业等方面的标准、技术导则和操作手册，部分文件见表2-1。

RSSB现行的应急管理相关文件 表2-1

序号	标准号	标准名称	标准名称	发布时间
1	GEGN8613 Iss 1	人因关系在安全管理系统的应用	Application of human factors within safety management systems	2021/6/3
2	RIS-2730-RST Iss 1.1	车辆防火安全与疏散	Vehicle Fire Safety and Evacuation	2021/4/9
3	RIS-8046-TOM Iss 2	语音安全关键通信	Spoken Safety Critical Communications	2019/7/9
4	RIS-8047-TOM Iss 2	安全相关信息的报告	Reporting of Safety Related Information	2018/3/3
5	RIS-0735-CCS Iss 1	列车临时速度限制和紧急速度限制的设置要求	Signing of Temporary and Emergency Speed Restrictions	2018/1/12
6	Form NR3190 Iss 1	应急情况下列车司机工作票	Emergency Special Working Ticket	2018/1/9
7	GERT8000-M2 Iss 6	故障情况下列车司机停车手册	Train stopped by train failure	2018/1/9
8	GEGN8646 Iss 1	用于风险评估的通用安全方法指南	Guidance on the Common Safety Method for Risk Evaluation and Assessment	2017/2/12
9	GERT8000-HB2 Iss 2	轨道维护人员应急保护装置使用指南	Instructions for track workers who use emergency protection equipment	2015/5/9

资料来源：RSSB官方网站(https://www.rssb.co.uk/railway-group-standards)。

以城市轨道交通车辆标准为例，通过事故案例的经验教训不断完善车辆标准。

恐怖袭击是英国城市轨道交通面临的一大挑战，对恐怖袭击的应对和处置是城市轨道交通应急管理的重点。为了应对爆炸对乘客造成的伤害，英国高度重视通过更新材料和车辆设计，增强城市轨道交通车辆应对爆炸恐怖袭击的安全性，研究制定车辆标准，减轻爆炸袭击造成的影响，减少对乘客、员工以及基础设施和财产的损害。

2004年马德里地铁爆炸案和2005年伦敦地铁爆炸案造成了大量乘客伤亡，为最大限度降低爆炸发生时列车车门、车窗等可能对乘客造成的伤害，英国政府评估现有车辆设计，考虑爆炸场景下的列车安全，识别目前车辆设计的缺陷，包括结构性能和碰撞损失等，提出增加在车辆结构完整性和车辆防火性能方面的标准条款。在完成车辆原型设计和制造后，为评估车辆材料以及新设计对提高韧性的影响，英国健康与安全实验室（Health and Safety Laboratories）在马德里地铁完成了项目测试，同时在西班牙布尔戈斯市完成了爆炸测试，将结果应用于车辆设计及标准制定；形成了结构完整性标准 EN12663，通过设计改善安全性提升了车窗的抵抗力；通过玻璃材料和黏合剂的使用，避免车站发生爆炸时列车玻璃可能对人体造成的伤害。2013年1月，项目成果通过英国纽卡斯尔大学发布，同年6月在巴黎和马德里举办了两场展览会。从2013年至2020年，该标准在车辆疲劳评估、轻量化车体优化设计等领域得到广泛应用。

另外，RSSB 每年还发布铁路安全报告（Annual Safety Performance Report，ASPR），报告全面分析乘客、城市轨道交通工作人员以及承包商面临的安全趋势，并且对列车、平交道口、车站等特定区域的安全风险进行了详细研究，给出了事件发生的频次、人员伤亡情况、风险及其严重程度等内容。

二、美国

美国运输部负责城市轨道交通和铁路运输的行业管理，其中联邦公共交通管理署负责城市轨道交通运营管理，联邦铁路署负责干线铁路运营管理。联邦应急管理署（Federal Emergency Management Agency，FEMA）成立于1979年，其历史可以追溯到1803年，并于2003年成为国土安全部的一部分，主要负责从应急准备到救灾和灾后恢复全过程的应急管理工作。在应急管理法制建设方面，美国一贯重视通过立法来界定政府机构在紧急情况下的职责和权限，先后制定了专门针对自然灾害和其他紧急事件的法律法规。建立了以《国家安全法》《全国紧急状态法》《灾难和紧急事件援助法案》《国家应急反应计划》为核心的危机应对法律体系。从2013年开始，陆续发布了美国国土安全演练与评估项目（Homeland Security

Exercise and Evaluation Program，HSEEP)、国家应急演练项目（National Exercise Program，NEP)等,在全国范围为各种应急演练及其评估计划提供了策略性指导以及技术支持。联邦应急管理署发布的《2022—2026年战略计划》提出了将公平作为应急管理的基础、提升社区应对气候变化的能力以及建设有准备的应急管理署三方面的目标。

1. 应急管理机制

应急管理机制是制度体系的一部分，应急管理机制的变迁反映了一个国家应对灾害突发事件的日益成熟。美国在建国以来的长期探索过程中，经过20世纪30年代首先提出，到后来救灾实践中摸索、改进、积累，形成了目前的"减缓、准备、响应和恢复"的应急管理机制。

(1) 防灾减灾。尽量减少灾害可能造成的后果，包括任何阻止应急事件发生、减少紧急情况发生的可能性，或者降低不可避免的突发事件的破坏性影响的一切行动。例如，联邦应急管理署提供的联邦洪水保险项目，就是典型的减缓灾害的措施，向个人业主及商业企业提供洪灾损失风险的保险。联邦洪水保险项目承保的损害范围包括楼宇、装配式房屋和其他建筑物。有意愿加入洪水保险项目的财产所有者，首先必须通过运营商提出购买保险的申请。又如，就州政府和地方政府而言，地方应急规划委员会的组成，也是减缓机制的一部分，该机构通常由政府、企业、行业、公众和媒体的代表组成，共同讨论如何应对可能存在的灾害和危机问题。

(2) 应急准备。应急准备主要是指做好在灾害中的应急响应的规划，包括各种旨在确保社区准备好应对任何威胁本地安全的措施，具体涵盖预案制定、演练、培训和公众教育等活动。

在预案制定方面，美国很多县及县内的机构都制定有官方的应急行动预案。这一文件分发给所有作为响应者的组织、机构和部门，文件规定了应急行动的主要政策和职责，包括面对灾难或重大紧急情况如何准备、响应和恢复。有些独立的组织、机构和部门还制定了自己的标准操作准则或程序，以指导其事件响应。

在应急演练方面，主要是指与区域内的第一响应方的机构和部门共同工作的演练行动，包括功能演练和全面演练。各类演练通常要根据各地的灾害实际，设计恶劣天气、危险材料和反恐场景。演练结束后，通常还要对取得的进步和需要改进的相应行动进行评估。

在应急培训方面，联邦应急管理署的应急管理学院成立于1951年,致力于培训专门的应急管理人员，注重培育应急准备文化，稳步提升国家应急管理能力。培训内容包括国家应急管理政策法规、事故管理系统、应急响应框架、应急能力评估、应急演练以及应急信息沟通等。

在公众教育方面,包括学校教育和面向公众的各类教育形式。目前,美国大约有100所院校开展了应急管理学位教育,包括学士、硕士和博士等;在义务教育阶段注重将各地历史上的典型性灾害事件编入教材,如俄克拉何马州20世纪30年代的沙尘暴事件。很多地方还为一些重大事件建立了纪念馆或博物馆,大多数地方将一些重大事件遗址保留,称为国家纪念地,如芝加哥大火事件中遗存的相关建筑物等。

(3)应急响应。应急响应是指减小已经发生的应急事件所造成的影响的制度和措施,即重大灾难、应急事件发生前后、期间所采取的行动。响应方的目标是挽救生命、减少财产损失并提高事件的恢复能力。响应是通过以下方式实现的:

①预警——公众可能会通过以下途径收到即将到来的危险预警信息:国家海洋和天气事务局的天气收音机,紧急警报系统,当地的广播媒体、有线电视网和公共安全通道、室外警报等。这些预警系统通常由应急行动中心激活。

②疏散——是指在有些情况下,公众需要从住所或工作地方撤离。

③避难——美国红十字会经美国国会授权,与地方应急管理机构共同负责地方上的避难工作。红十字会负责认定,并与避难场所提供者签订合同。一旦发生灾害事件,立即由应急管理机构主任启动避难场所,红十字会配备人员、装备,开始正式运行。

④消防、执法和医疗救援——事件发生后,立即派遣消防人员、执法官员和医护人员前往现场。在日常的培训和演练中,这些第一响应者应经常性地就其协调配合进行演练。

⑤资源调配——应急管理机构的主要职责是在危急时刻进行资源协调,应急行动中心负责维护应对灾难的各种设备和人员清单,保证资源数据库随时更新。

(4)灾后恢复。灾后恢复是指使得社区回到常态,即系统和社区恢复到其初始或相近状态。这是突发事件应急管理中最为困难的阶段,因为它要求个人和社区付出持续不懈的努力。灾后恢复主要通过以下方式实现:

①损失评估——通常会先进行一个快速评估,主要是了解损失的范围。更为详尽的逐户评估会在事件之后逐步地进行。

②清除残留物——风暴潮或很多灾害会形成各式各样残留物,这些残留物可能会影响生活或安全,必须予以清理。

③净化环境——如果事件涉及有害物质,地方政府将提供设施,以净化公民、设备和财产,减少对公众健康和安全的威胁。

④灾害救助中心——如果发生重特大事件,最终由总统发布联邦灾难通告,联邦和州的机构、组织和部门将在规定的时间内调集人员成立灾难援助中心。受灾人员可以拨打应急管理署设立的一个免费电话号码,去灾害救援中心接受援助。

⑤危机心理咨询——灾害可能对受害者和响应者的心理健康产生深远影响。在灾难发生后的日子里,应当对涉及事件的人提供必要的心理咨询。

2. 城市轨道交通应急管理

在应急管理机制方面,州政府和地方协同合作,必要时请求联邦政府协助。在纽约市,危机管理的核心是危机管理办公室,作为最高指挥协调机构,其主要任务是将政府组织、非政府组织、民众联合在一起,共同应对突发事件。危机管理办公室的重要职责主要体现在三个方面,一是纽约市危机管理办公室与联邦一级政府机构进行日常的合作,包括联邦应急管理署、国家气象服务中心以及能源部等机构。合作内容包括信息共享、规划方案的协调、共同进行培训或演练等。二是在纽约市范围内,与纽约市警察局、消防局、交通局等机构联合制定针对不同类别突发事件的应急预案。三是与社会组织协作,如与安迪生电力公司、红十字会等建立长期的合作关系。一旦发生突发事件,由危机管理办公室统一指挥协调,启动这种网状式的联合协作模式,各个部门通力合作,确保将突发事件带来的损失降至最低。

3. 城市轨道交通应急队伍建设

在专业应急队伍建设方面,美国十分重视城市轨道交通专业应急队伍的建设,应急管理队、应急救援队和志愿者队伍共同组成了美国的城市轨道交通应急队伍。美国政府对城市轨道交通应急队伍根据应急能力不同进行级别划分,采取不同的培育、管理方式。政府在组织机构中设有城市轨道交通应急管理队的职位,对每个职位的专业技能和考核、资格认定都制定有标准。政府对城市轨道交通应急管理队进行综合性培养,要求其具备综合应急能力,能统筹安排应急救援过程涉及的各类事项,具有应对各种类型突发事件的综合能力。当城市轨道交通突发事件发生时,能够胜任突发事件应急救援指挥官的岗位,调派到各地方协助当地城市轨道交通主管部门开展应急救援工作,提高当地政府的应急能力和效果。消防队、医疗队、搜救队等共同组成了美国的城市轨道交通应急救援队。国家对城市轨道交通应急救援队进行专业化培养,要求每位救援队员都必须具备相应的专业技能。由联邦政府和州政府共同出资,在联邦建立国家级应急管理学院,在各州、一些县市建立应急管理学院,对城市轨道交通应急救援队伍进行专业化培养。美国政府鼓励社会参与城市轨道交通应急管理,并建有一系列配套方案培育社会力量的应急救援能力。专业培训机构遍布全国各地,对有意愿参与的公民进行应急知识教育、应急技能培训。同时,制定了统一的考核标准,通过考核的公民可以取得志愿者资格认证,信息录入全国志愿者库。联邦应急管理署和州政府的应急机构可以根据需要调用各地志愿者。比如在费尔法克斯郡,城市轨道交通救援队的70名队员,全部都是通过专业培训和技能考核取得资格的志愿者。

4. 城市轨道交通突发事件应急演练与事故报告

美国政府十分重视城市轨道交通应急队伍的应急演练,定期开展城市轨道交通应急预案的演练活动。各类城市轨道交通应急队伍按照制定的应急预案,定期开展联合演练,在高度逼真的演练中,磨合各应急队伍之间的协作机制,以保证在真正的城市轨道交通突发事件处置时能有效合作。美国制定了详尽的应急演练5年计划,各个部门都有专门的应急演练计划,同时,在联邦应急管理署的组织下,进行跨部门城市轨道交通应急演练。

在事故报告与安全统计报告制度方面,根据美国《安全监管条例》,城市轨道交通机构按照以下情况要求,在发生与城市轨道交通车辆或财产有关事件(事故)的2h内必须向监管机构报告:①现场发生死亡事故,或与城市轨道交通有关的事件中证实有1人死亡的事件;②不在事故现场,但有2人以上受伤需要医疗救助;③城市轨道交通(或非轨道交通设施)、设备等财产损失达到或超过25000美元;④安全疏散;⑤发生在平交路口的碰撞;⑥正线脱轨;⑦撞人事件;⑧列车相撞(包括与非运营车辆)。同时,城市轨道交通安全统计报告应不定期按年度连续报告,报告内容应包括:①安全表现,可采用不同的事故类型按数量分类表示,或按照事故的原因分类统计;②伤亡统计分析,包括人员伤亡率,即按照人员分类计算伤亡比例,还包括按照事故类型与人员类别进行伤亡统计;③事故原因分析;④伤亡比较分析,包括按照事故类型的人员伤亡分类统计,自杀和非法进入的伤亡分类统计,以及伤亡率的统计比较和趋势分析。

三、日本

日本位于太平洋火山地震带上,是一个自然灾害频发的国家,日本政府和民众高度重视防灾和应急处置工作,日本政府、东京都政府以及相关研究机构和城市轨道交通运营单位围绕防灾减灾和应急处置开展了大量工作。

1. 日本国土交通省

日本国土交通省(Ministry of Land, Infrastructure, Transport and Tourism, MLIT)

城市轨道交通线网综合应急指挥系统研究与实践

下辖气象厅、住房厅、旅游局、海岸警卫队等,与交通运输有关的部门包括民航局、港务局、海事局、铁道局、道路局、道路运输局、城市局等相关部门以及运输安全委员会等,铁道局负责国营铁路、私营铁路和地铁等客运业务及铁路货运业务。

国土交通省还设有专门防灾门户网站(Disaster Prevention Portal),由灾害管理局防灾救灾处负责,为个人进行灾害管理和生命保护提供日常应了解的防灾信息,包括地震、海啸、台风、洪水、火山喷发及雪灾等,个人可以随时在网站查看天气及地震信息,包括灾害预测、自我保护、灾时避难信息以及交通、物流信息等。

日本运输安全委员会(Japan Transportation Safety Board,JTSB)成立于2008年10月,拥有独立人事权,负责航空、铁路与海上运输领域的事故调查工作,开展独立、客观、科学的事故调查,与处分和追究责任相互独立,致力于深入探索事故的背景,为预防事故和减轻损害作贡献。

2. 相关机构和组织

日本政府高度重视地震的预测预报和防灾减灾工作,如东京大学地震研究所等单位长期致力于地震灾害的研究,日本铁道综合技术研究所针对灾害对铁路运营的影响和防灾减灾措施开展了深入研究和探索。

东京大学地震研究所成立于1925年,其成立初衷是避免和减轻类似灾害造成的破坏。东京大学地震研究所的使命是科学解释地震、火山等自然现象,减轻由这些现象引起的灾害。研究所由数学、地球测量、物质科学和灾害科学4个基础研究部门,地震预报中心、火山喷发预报中心等8个特定任务中心,以及支援这些工作的室、部等组成。其中,灾害科学研究部门主要对地震引起的强烈震动和海啸等现象进行研究和预测,以减轻地震造成的灾害。

日本铁道综合技术研究所成立于1986年,其前身为1907年成立的铁道厅铁道调查所。该研究所拥有车辆结构技术、车辆控制技术、电力技术、轨道技术、防灾技术和铁道地震工程等研究部门。防灾技术研究部下设气象防灾、地基防灾和地质灾害3个研究室,以降雨、风、冰雪、风化等为对象,开展铁路沿线自然灾害相关研究,并进行与地形、地质、地下水相关的调查、评价技术,以及列车行驶造成地基震动等环境问题的研究。

3. 东京都应急管理

东京都把城市的危机事态大致分为自然灾害和人为灾害,前者包括地震、火山爆发、风灾和水灾;后者包括核威胁、生物威胁和化学威胁等灾害、大规模的火灾和爆炸、大规模的事故等。危机管理理念和原则概括为:重视市民的生命和财产安全,政府全体行动进行一体化管理,同时作为行政改革的一环为市民提供安心、安全、安定的生活社会环境,不断改进,进行循环型危机管理。2002 年,东京都提出了"建设面对多样的危机、迅速并且正确地应对的全都体制"的战略,首先改变了以过去防灾部门和健康主管部门等为主的部门管理方式,采取了整个政府行动的一元化管理体制。

2003 年 4 月,东京都建立了知事直管型危机管理体制,该体制主要设置局长级的"危机管理总监",改组灾害对策部,成立综合防灾部,建立一个面对各种各样的危机全政府机构能够统一应对的体制。危机管理总监主要职责是:发生紧急事件时直接辅助知事,强化协调各局的功能;将向相关机构请求救援的决策和行动迅速化,当灾害危机发生时,危机管理总监直接辅助知事,在知事的指挥下综合和协调各局的应急活动。东京都政府在有效发挥这些机构的专业应对危机的功能的同时,调动自卫队、警察、消防干部到都政府集中办公,有利于加强合作和综合管理。

根据《灾害对策本法》和东京都《地区防灾对策基本规划》,原来的灾害对策部主要负责对自然灾害大规模的事故、火灾等应急,新成立的综合防灾部直接辅助危机管理总监,在组织制度上发挥着强化信息统管功能、提高危机和灾害应对能力和加强首都圈大范围的区域合作等功能。

另外,东京都总务局综合防灾部防灾管理科组织开发了《东京防灾》,它是在考虑了东京的地域特性和城市结构、东京都居民的生活方式等的基础上,对东京都正下方地震等各类灾害事前准备和灾害发生时的应对方法等,东京都范围内的家庭一家常备一册。该手册自 2015 年 9 月 1 日起进行了散发,并在 2019 年 3 月进行了修订。该手册给出紧急情况时简单、适用、可操作的信息,提高了东京都居民的自助共助能力。

如图 2-1 所示,根据《东京防灾》手册,在城市轨道交通车站遭遇地震时,乘客应从站台移动至附近的柱子旁,注意不要从站台上掉下来,也不要被坠落物砸到。当四周环境恐慌,无法移动时,应蹲下等待晃动停止。当身处城市轨道交通车站时,人群有可能会一拥而上,想要立刻冲到地上,这是很危险的。绝对不要沿站台走到轨道上,要等晃动停止后按照车站工作人员的指示行动。在列车上遭遇地震时,当列车感应到强烈摇晃时会紧急停车,因此,人体有可能会因惯性而倾倒,与他人发生冲撞,发生危险。如果乘客正坐在座位上,应用皮包等保护头部;如果处于站立状态,应放低身体姿势保护自身安全。当身处满员的列车中时,应紧紧握住把手或吊环,双脚叉开努力站稳,使自己不至于摔倒。在晃动停止后,按照乘务员的指示行动。

4. 东京城市轨道交通应急管理

东京城市轨道交通运营单位包括铁路、私铁和地铁,分为国营和民营两种模式。以东京都市圈为例,东京都地铁也称都营地铁,共有 4 条线路,均由东京都交通局负责运营。东京地下铁道,也称东京地铁,共有 9 条线路,均由一家大型民铁公司——东京地下铁公司负责运营。东京地下铁公司建立了应急突发情况下的信息传输系统,在事故、灾难等情况发生时,根据现场状况和灾害规模,铁道本部长以及综合指挥所长等将组织非常体制以快速应对应。

图 2-1 《东京防灾》手册中关于在城市轨道交通车站和列车上遭遇地震的场景

东京地下铁公司建立了三种非正常情况下的应急信息传递机制,并且规定了三种事故灾难情况下的对策本部长,以及从现场对策本部长、综合指令所长、对策本部的信息传递机制和决策流程,如图 2-2 所示。

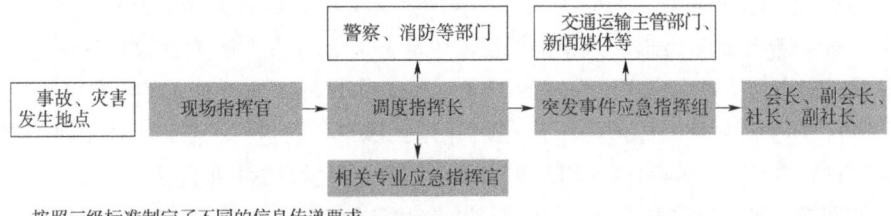
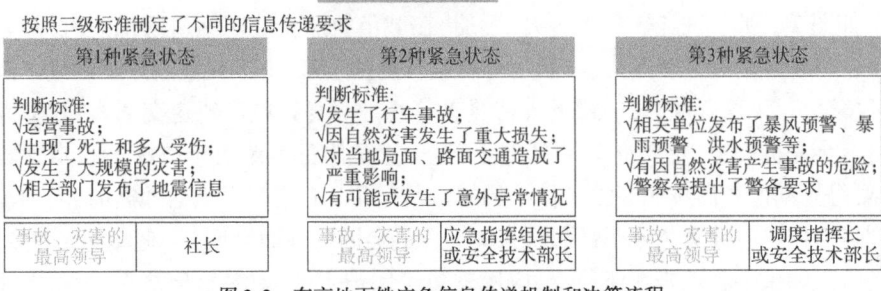

图 2-2 东京地下铁应急信息传递机制和决策流程
资料来源:东京地下铁株式会社,《东京地下铁株式会社安全报告 2016》。

此外,东京地下铁公司还建立了网络支援体制,划分了 12 个区域,在灾难出现时以便按照地区进行组织救援。

东京地下铁公司详细规定了发生地震时的应急处置措施,规定了东京地下铁地震警报装置、气象厅早期地震警报等预警信息的响应机制,并且明确了列车停运以及恢复运营的具体条件，如图 2-3 所示。

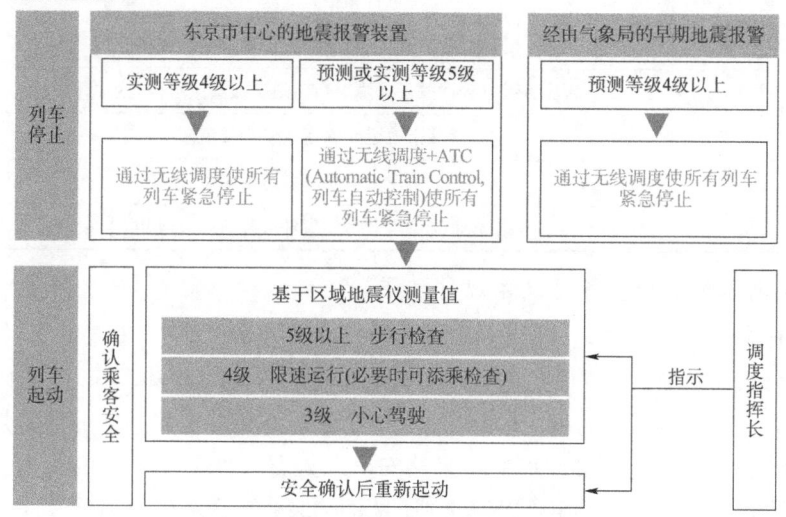

图 2-3　东京地下铁公司的地震应对措施

资料来源：东京地下铁株式会社，《东京地下铁株式会社安全报告 2016》。

第二节　国内情况

一、相关法律法规、规定

我国高度重视城市轨道交通应急处置能力建设和提升相关工作，重视新技术手段在应急能力建设方面的重要作用。2006 年，《国家突发公共事件总体应急预案》发布实施，规定了总体应急预案、专项应急预案等共 6 个层次的应急预案。2007 年，《中华人民共和国突发事件应对法》发布实施，对安全生产领域突发事件应对提出了具体要求，它是我国突发事件应急管理领域的根本法律。我国 2006 年以来发布的部分应急管理相关法规情况见表 2-2。

2006 年以来发布的部分应急管理相关法律法规情况　　表 2-2

时　间	应急管理相关法律法规
2006 年 1 月	《国家突发公共事件总体应急预案》
2007 年 8 月	《中华人民共和国突发事件应对法》

城市轨道交通线网综合应急指挥系统研究与实践

续上表

时 间	应急管理相关法律法规
2015年4月	《国家城市轨道交通运营突发事件应急预案》
2018年3月	《国务院办公厅关于保障城市轨道交通安全运行的意见》
2018年5月	《城市轨道交通运营管理规定》
2019年2月	《生产安全事故应急条例》
2019年7月	《城市轨道交通运营突发事件应急演练管理办法》

1.《国家突发公共事件总体应急预案》

2005年1月26日,国务院第79次常务会议通过了《国家突发公共事件总体应急预案》(以下简称《总体预案》),关于2006年1月8日发布并实施。《总体预案》是全国应急预案体系的总纲,是指导预防和处置各类突发公共事件的规范性文件。《总体预案》的目的是提高政府保障公共安全和处置突发公共事件的能力,最大限度地预防和减少突发公共事件及其造成的损害,保障公众的生命财产安全,维护国家安全和社会稳定,促进经济社会全面、协调、可持续发展。《总体预案》明确,国务院办公厅设国务院应急管理办公室,履行值守应急、信息汇总和综合协调职责,发挥运转枢纽作用;国务院有关部门依据有关法律、行政法规和各自职责,负责相关类别突发公共事件的应急管理工作;地方各级人民政府是本行政区域突发公共事件应急管理工作的行政领导机构。

《总体预案》将突发公共事件主要分自然灾害、事故灾难、公共卫生事件、社会安全事件等四类;按照其性质、严重程度、可控性和影响范围等因素分成四级:Ⅰ级(特别重大)、Ⅱ级(重大)、Ⅲ级(较大)和Ⅳ级(一般)。

预测预警是《总体预案》的一项重要要求,《总体预案》规范了预警标识,规定根据预测分析结果,对可能发生和可以预警的突发公共事件进行预警。预警级别依据突发公共事件可能造成的危害程度、紧急程度和发展势态,一般划分为四级:Ⅰ级(特别严重)、Ⅱ级(严重)、Ⅲ级(较重)和Ⅳ级(一般),依次用红色、橙色、黄色和蓝色表示。同时,还规定预警信息的主要内容应该具体、明确,要向公众讲清楚突发公共事件的类别、预警级别、起始时间、可能影响范围、警示事项、应采取的措施和发布机关等。

《总体预案》对应急信息的快速报告提出了明确要求:Ⅰ级(特别重大)、Ⅱ级(重大)突发公共事件发生后,省级人民政府、国务院有关部门要在4h内向国务院报告,同时通报有关地区和部门。应急处置过程中,要及时续报有关情况。同时,

还要求突发公共事件的信息发布应当及时、准确、客观、全面,要在事件发生的第一时间向社会发布简要信息,随后发布初步核实情况、政府应对措施和公众防范措施等,并根据事件处置情况做好后续发布工作。

2.《中华人民共和国突发事件应对法》

《中华人民共和国突发事件应对法》(以下简称《突发事件应对法》)由中华人民共和国第十届全国人民代表大会常务委员会第29次会议于2007年8月30日通过,自2007年11月1日起施行,共7章70条,分总则、预防与应急准备、监测与预警、应急处置与救援、事后恢复与重建、法律责任、附则。有效预防和及时应对各类突发事件已经成为治国理政的重要任务,《突发事件应对法》是规范我国应急管理领域的基本法,旨在预防和减少突发事件的发生,控制、减轻和消除突发事件引起的严重社会危害,规范突发事件应对活动,保护人民生命财产安全,维护国家安全、公共安全、环境安全和社会秩序。

《突发事件应对法》把突发事件预防和应急准备放在优先位置,对公民权利依法予以限制和保护相统一,建立统一领导、分级负责和综合协调的突发事件应对体制。坚持效率优先,赋予政府多项应急权力,自然灾害、事故灾难、公共卫生事件发生后,地方人民政府可以采取多项应急处置措施,包括迅速控制危险源,标明危险区域,封锁危险场所,划定警戒区,实行交通管制以及其他控制措施;立即抢修被损坏的交通、通信、供水、排水、供电、供气、供热等公共设施,向受到危害的人员提供避难场所和生活必需品,实施医疗救护和卫生防疫以及其他保障措施;禁止或限制使用有关设备、设施,关闭或限制使用有关场所,中止人员密集的活动或者可能导致危害扩大的生产经营活动以及采取其他保护措施;启用本级人民政府设置的财政预备费和储备的应急救援物资,必要时调用其他急需物资、设备、设施、工具;组织公民参加应急救援和处置工作,要求具有特定专长的人员提供服务;保障食品、饮用水、燃料等基本生活必需品的供应。

公众是突发事件应对过程中不可或缺的重要因素,《突发事件应对法》对有关单位和个人在突发事件预防和应急准备、监测和预警、应急处置和救援等方面服从指挥、提供协助、给予配合、必要时采取先行处置措施的法定义务作出了规定。有关政府及其部门为应对突发事件,可以征用单位和个人的财产,为了保护公民的权利,被征用的财产在使用完毕或突发事件应急处置工作结束后,应及时返还;财产被征用或征用后毁损、灭失的,应当给予补偿。

2020年4月,围绕新冠肺炎疫情防控暴露出来的短板和不足,增强法律的完整性、可操作性、统一性,着力推进突发事件"依法防控、依法治理"体系和能力现代化，为落实依法防控疫情、强化公共卫生法治保障，全国人民代表大会启动了《突发事件应对法》修订工作，这也是该法实施13年以来的首次修改。

3.《国家城市轨道交通运营突发事件应急预案》

2015年4月30日，国务院办公厅发布了《国家城市轨道交通运营突发事件应急预案》（国办函〔2015〕32号，以下简称《预案》），该预案适用于城市轨道交通运营过程中发生的因列车撞击、脱轨，设施设备故障、损毁，以及大客流等情况，造成人员伤亡、行车中断、财产损失的突发事件应对工作。因地震、洪涝、气象灾害等自然灾害和恐怖袭击、刑事案件等社会安全事件以及其他因素影响或可能影响城市轨道交通正常运营时，依据国家相关预案执行，参照本预案组织做好监测预警、信息报告、应急响应、后期处置等相关应对工作。按照《总体预案》规定的自然灾害、事故灾难、公共卫生事件、社会安全事件等四类突发事件，《预案》主要规定了城市轨道交通运营过程中发生的事故灾难类突发事件的预案管理工作。

《预案》明确了国家及地方层面的职责，国家层面规定交通运输部负责运营突发事件应对工作的指导协调和监督管理，必要时成立国务院工作组和国家城市轨道交通应急指挥部，统一领导、协调和指挥应急处置工作。地方层面规定城市及以上地方各级人民政府负责运营突发事件的应对工作，明确运营单位是运营突发事件应对的责任主体，并要求根据需要成立现场指挥部、专家组，负责运营突发事件现场具体指挥，专家组提供技术支持。

《预案》明确了参与应急处置的部门、单位以及相应职责。组织指挥机构成员单位主要包括城市轨道交通运营主管部门、公安、安全监管、住房和城乡建设、武警等部门和单位。城市轨道交通运营主管部门承担城市轨道交通指导、协调、组织运营突发事件监测、预警及应对职责，安监部门牵头负责突发事件原因分析、调查与处理工作。预案还对突发事件的善后处置、事件调查、处置评估三个方面提出了具体要求。

《预案》规定了运营单位进行源头防控的职责，运营单位应当建立健全城市轨道交通运营监测体系，根据运营突发事件的特点和规律，加大对线路、轨道、结构工程、车辆、供电、通信、信号、消防、特种设备、应急照明等设施设备和环境状态以及客流情况等的监测力度，定期排查安全隐患，开展风险评估，健全风险防控措施。当城市轨道交通正常运营可能受到影响时，要及时将有关情况报告当地城市轨道交通运营主管部门。城市轨道交通运营主管部门加强对运营安全的日常监测和各类风险信息的分析研判，并与其他部门建立定期会商和信息共享机制。

《预案》提出了技术装备对应急管理的支撑作用，支持运营突发事件应急处置先进技术、装备的研发。建立城市轨道交通应急管理技术平台,实现信息综合集成、分析处理、风险评估的智能化和数字化。

4.《国务院办公厅关于保障城市轨道交通安全运行的意见》

2018年3月23日,国务院办公厅发布了《关于保障城市轨道交通安全运行的意见》(国办发〔2018〕13号,以下简称《意见》),《意见》提出坚持以人民为中心的发展思想,把人民生命财产安全放在首位,不断提高城市轨道交通安全水平和服务品质。加强城市轨道交通规划、建设、运营协调衔接,加快技术创新应用,构建运营管理和公共安全防范技术体系,提升风险管控能力。构建风险分级管控和隐患排查治理双重预防制度,加强应急演练和救援力量建设,完善应急预案体系,提升应急处置能力。城市人民政府对辖区内城市轨道交通安全运行负总责,充分发挥自主权和创造性,结合本地实际构建多方参与的综合治理体系。

《意见》提出,从完善应急预案体系、加强应急救援力量建设、强化现场处置应对三个方面,提升应急处置能力。

《意见》提出要完善应急预案体系,城市轨道交通所在地城市及以上地方人民政府要将城市轨道交通纳入政府应急管理体系,结合本地实际制定完善应对各类突发事件的专项应急预案、部门应急预案,督促运营单位制定完善具体预案。建立突发事件应急处置机制,成立应急指挥机构,明确相关部门和单位的职责分工、工作机制和处置要求。运营单位要建立完备的应急预案体系,编制应急预案操作手册,明确应对处置各类突发事件的现场操作规范、工作流程等,并立足实战加强站区一线人员培训,定期组织开展应急合成演练。

《意见》提出要加强应急救援力量建设,城市轨道交通所在地城市及以上地方人民政府和有关部门、运营单位要配备满足需要的应急设施设备和应急物资,根据需要建立专职或志愿消防队、微型消防站,提高自防自救能力。建立健全专业应急救援队伍,加强应急培训,提高应急救援能力。建设国家级城市轨道交通应急演练中心,开展培训和实战场景演练。鼓励和支持企业、科研院所及社会有关方面加强专业救援装备研究开发。

《意见》提出要强化现场处置应对,建立协调联动、快速反应、科学处置的工作机制,强化运营单位对突发事件第一时间处置应对的能力,最大程度减少突发事件可能导致的人员伤亡和财产损失。公安、交通运输等部门以及运营单位、街道、社区要密切协同联动。有关部门和运营单位的工作人员要按照各自岗位职责要求,通过广播系统、乘客信息系统和专人引导等方式,引导乘客快速疏散。充分发挥志愿者在安全防范和应急处置中的积极作用,提高乘客自救互救能力。

5.《城市轨道交通运营管理规定》

2018年5月21日,交通运输部发布《城市轨道交通运营管理规定》(交通运输部令2018年第8号,以下简称《规定》),自2018年7月1日起施行。

《规定》明确了城市轨道交通线网综合应急指挥系统的建设要求,提出"城市轨道交通运营主管部门在城市轨道交通线网规划及建设规划征求意见阶段,应当综合考虑与城市规划的衔接、城市轨道交通客流需求、运营安全保障等因素,对线网布局和规模、换乘枢纽规划、建设时序、资源共享、线网综合应急指挥系统建设、线路功能定位、线路制式、系统规模、交通接驳等提出意见。"

《规定》明确了安全设施规划布局等前期要求,提出城市轨道交通工程项目可行性研究报告和初步设计文件中应当设置运营服务专篇,内容应当包括安全应急设施规划布局、规模等与运营安全的适应性,与主体工程的同步规划和设计情况。

《规定》第5章为应急处置,共8条,规定了城市轨道交通所在地城市及以上地方各级人民政府应当建立运营突发事件处置工作机制,明确相关部门和单位的职责分工、工作机制和处置要求,要求制定完善运营突发事件应急预案;城市轨道交通运营主管部门应当按照有关法规要求,在城市人民政府领导下会同有关部门定期组织开展联动应急演练。

《规定》还对运营单位在运营突发事件应急预案体系、应急物资储备、重大故障和事故报送以及舆论引导等方面提出了具体要求。

6.《生产安全事故应急条例》

2019年2月17日,《生产安全事故应急条例》(国务院令第708号,以下简称《条例》)公布,自2019年4月1日起施行。《条例》是根据《中华人民共和国安全生产法》和《中华人民共和国突发事件应对法》制定的,是第一部专门针对生产安全事故应急工作的行政法规,共5章35条,第一章为总则,第二章为应急准备,第三章为应急救援,第四章为法律责任,第五章为附则。

《条例》强化了应急准备在应急管理工作中的主体地位,提出决定应急处置与救援成效的关键因素是平时的应急准备水平,应急演练、处置与救援是检验应急准备水平最直接、最有效的方式。《条例》明确提出应急预案演练、应急救援队伍、应急物资储备、应急值班值守等方面应急准备的基本内容。

针对生产经营单位的事故应急工作,《条例》明确了三项制度、一个机制和四方面保障要求,即:应急预案制度、应急演练制度和应急值班制度,第一时间应急响应机制,人员、物资、科技、信息化等方面应急保障要求;同时,规定了应急工作违法

第二章　国内外应急管理相关法规与标准规范

行为的法律责任。

制修订应急救援预案是应急准备的重要工作。《条例》明确了应通过风险辨识和评估，制定应急救援预案，并向本单位从业人员公布，从源头强化应急准备工作。第四条规定，生产经营单位应当加强生产安全事故应急工作，建立、健全生产安全事故应急工作责任制，其主要负责人对本单位的生产安全事故应急工作全面负责。第五条规定，生产经营单位应当针对本单位可能发生的生产安全事故的特点和危害，进行风险辨识和评估，制定相应的生产安全事故应急救援预案，并向本单位从业人员公布。

应急演练制度是检验应急准备的一项重要手段。《条例》规定了应急演练要求及应建立应急救援队伍的规定。第六条规定，生产经营单位在演练中发现应急预案存在重大问题要及时修订。第八条规定，易燃易爆物品、危险化学品等危险物品的生产、经营、储存、运输单位，矿山、金属冶炼、城市轨道交通运营、建筑施工单位，以及宾馆、商场、娱乐场所、旅游景区等人员密集场所经营单位，应当至少每半年组织1次生产安全事故应急救援预案演练，并将演练情况报送所在地县级以上地方人民政府负有安全生产监督管理职责的部门。第十条规定城市轨道交通运营单位应当建立应急救援队伍。

应急值班制度是新时代对应急管理工作者的要求。《条例》第十四条规定，危险物品的生产、经营、储存、运输单位以及矿山、金属冶炼、城市轨道交通运营、建筑施工单位和应急救援队伍应当建立应急值班制度；规模较大、危险性较高的易燃易爆物品、危险化学品等危险物品的生产、经营、储存、运输单位应当成立应急处置技术组，实行24h应急值班。

为了保障应急制度和机制的实施，《条例》提出了对人员、物资、科技、信息化等方面的应急保障要求。第四条规定，生产经营单位应建立健全事故应急责任制、主要负责人对事故应急工作全面负责。第十一条明确了应急人员应当具备的条件。第十二条提出了应急救援队伍情况报送和公开要求。第十五条规定了生产经营单位对从业人员的应急教育职责。第十六条规定可以通过信息化手段办理应急预案备案、报送应急演练情况和应急救援队伍建设情况等信息化措施。第十九条明确了事故应急救援费用承担的原则。

《条例》还提出了应急救援过程原始资料和证据记录以及应急救援工作评估的具体要求。第二十四条规定，现场指挥部或者统一指挥生产安全事故应急救援的人民政府及其有关部门应当完整、准确地记录应急救援的重要事项，妥善保存相关原始资料和证据。第二十七条规定，按照国家有关规定成立的生产安全事故调

城市轨道交通线网综合应急指挥系统研究与实践

查组应当对应急救援工作进行评估,并在事故调查报告中作出评估结论。

7.《"十四五"国家应急体系规划》

2021年12月,国务院印发《"十四五"国家应急体系规划》(国发〔2021〕36号),总体目标要求:到2025年,应急管理体系和能力现代化建设取得重大进展,形成统一指挥、专常兼备、反应灵敏、上下联动的中国特色应急管理体制,建成统一领导、权责一致、权威高效的国家应急能力体系,防范化解重大安全风险体制机制不断健全,应急救援力量建设全面加强,应急管理法治水平、科技信息化水平和综合保障能力大幅提升,安全生产、综合防灾减灾形势趋稳向好,自然灾害防御水平明显提升,全社会防范和应对处置灾害事故能力显著增强。到2035年,建立与基本实现现代化相适应的中国特色大国应急体系,全面实现依法应急、科学应急、智慧应急,形成共建共治共享的应急管理新格局。

该规划对城市地下轨道交通的消防管理以及城市轨道交通运营保护区巡查,违规施工作业、私搭乱建、堆放易燃易爆危险品等专项整治提出了明确要求,同时还提出加强城市地下轨道交通专业救援力量建设,建设一批机动和拳头力量。

8.《城市轨道交通运营突发事件应急演练管理办法》

为深入贯彻落实《国务院办公厅关于保障城市轨道交通安全运行的意见》和《城市轨道交通运营管理规定》有关要求,指导各地做好城市轨道交通应急演练工作,提升安全运营水平和应急处置能力,2019年7月27日,交通运输部印发《城市轨道交通运营突发事件应急处置管理办法》(交运规〔2019〕9号,以下简称《办法》),2019年11月1日起施行。

《办法》共22条,主要规定了演练内容、方式和频度要求,公众参与演练以及演练评估等方面的内容。

《办法》明确了演练内容、方式和频率要求。城市轨道交通运营主管部门应在城市人民政府领导下,会同公安、应急管理、卫生等部门每年至少组织一次实战演练。明确运营单位专项应急预案应涵盖列车脱轨、土建结构病害、异物侵限、突发大客流等7类重点内容,且每个专项预案每3年至少演练一次;细化各重点岗位人员现场处置方案应涵盖的重点内容,如行车调度员,应当就列车事故/故障、列车降级运行、列车区间阻塞、设施设备故障清客、火灾、临时调整行车交路、线路运营调整及故障抢修、道岔失表等情形开展经常性演练,规定每个班组每年将与其有关的方案至少全部演练一次。同时,总体上要求运营单位年度演练计划中实战演练比例不得低于70%,保障应急演练效果,提升应急处置

第二章 国内外应急管理相关法规与标准规范

能力。

《办法》强化了公众参与演练的制度落实,鼓励运营单位邀请"常乘客"、志愿者等社会公众参与应急演练,对参与应急演练的社会公众,运营单位应提供必要的培训和安全防护。

《办法》明确了演练评估与改进要求,规定演练组织部门建立健全演练评估机制,明确演练评估的方式、内容和反馈、整改要求,强调涉及应急处置机制、作业标准、操作规程和管理规定等有缺陷的,应在3个月内修订完善,确保演练总结及时,发现问题整改到位。

二、岗位能力要求

城市轨道交通运营应急能力的影响因素主要包括以下方面:①应急预案、管理体制、运行机制等应急管理因素;②应急指挥人员、应急处置人员、应急专家的配置情况、能力水平和乘客的应急能力;③应急物资、工器具和应急用设施设备的配置和管理情况;④自然环境、社会环境、卫生环境等外部环境。除外部环境这一不可控因素外,总体来看,城市轨道交通运营突发事件应急能力是城市轨道交通运营相关的人员要素、设备要素、管理要素等多方面要素综合表现出来的整体绩效。

当发生城市轨道交通运营突发事件时,运营单位工作人员、专家组等外部力量、乘客和志愿者都是应急处置的关键人员因素,如图2-4所示。

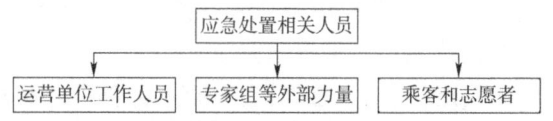

图2-4 应急处置相关人员构成要素

1. 运营单位工作人员

运营单位工作人员的应急处置能力是保证城市轨道交通运营突发事件应急处置效率效果的重要前提。从一线工作人员的先期处置,到运营单位领导层的应急决策都十分重要,其中,列车司机、行车调度员、行车值班员等关键岗位人员的应急处置能力更为关键。为此,国家层面的相关文件中对关键岗位的应急能力建设提出了相关要求。《意见》要求,运营单位要根据需要建立专职或志愿消防队,提高自防自救能力。建立健全专业应急救援队伍,加强应急培训,提高应急救援能力。《规定》要求,运营单位应当建立应急救援队伍,配齐应急人员,加强应急培训,提高应急救援能力。《城市轨道交通初期运营前安全评估技术规范 第1部分:地铁和轻轨》要求,列车司机、行车调度员、电力调度员、环控调度员、行车值班员均需接受本岗位应急处置相关培训,考核合格后持证上岗。运营单位应建立专业应急抢险队伍,熟练掌握应急救援预案、应急救援器材装备使用方法和有关应急救援要求。

2. 专家组等外部力量

除了运营单位自身员工外,包括专家库等在内的外部力量的建设对于城市轨道交通运营突发事件的应急处置也是至关重要的。2019 年,交通运输部组建了城市轨道交通运营管理专家库,为政策制定、安全评估等工作提供智力支持。首批公布的 42 位专家涵盖了运营总体、运营组织、土建结构、车辆、信号、通信、线路、供电、机电和安全应急 10 个专业。其中,安全应急专业纳入了 2 位专家,为各地城市轨道交通运营突发事件应急处置提供智力支持。

3. 乘客和志愿者

突发事件现场乘客的自救互救意识和能力也非常关键。2004 年发生在韩国大邱地铁的纵火案导致了上百人死亡或失踪的严重后果。但现场有一名乘客熟知紧急情况下的操作流程,成功在列车车门锁死的情况下打开了车门,救出了 60 多名同车厢的乘客。由此可见,现场乘客应急能力至关重要。《意见》要求,要充分发挥志愿者在安全防范和应急处置中的积极作用,提高乘客自救互救能力。《规定》进一步明确,运营单位应当组织社会公众参与应急演练,引导社会公众正确应对突发事件。运营单位应当充分发挥志愿者在突发事件应急处置中的作用,提高乘客自救互救能力。城市轨道交通运营主管部门和运营单位应当加强舆论引导,宣传文明出行、安全乘车理念和突发事件应对知识,培养公众安全防范意识,引导理性应对突发事件。《办法》要求,鼓励邀请"常乘客"、志愿者等社会公众参与应急演练,对参与应急演练的社会公众,应提供必要的培训和安全防护。

三、应急物资要求

城市轨道交通运营突发事件应急类设施设备从规划建设、配备、维护保养、测试检验与调用的全生命周期都应实现有效管理,才能确保突发事件发生时有适用且可用的应急设施设备。

1. 建设与配备方面

在应急设施的规划建设和应急设备的配备方面,《意见》要求,运营单位要配备满足需要的应急设施设备和应急物资,特别强调要根据需要建立微型消防站,提高自防自救能力。《规定》第六条要求,城市轨道交通工程项目可行性研究报告和初步设计文件中运营服务专篇的内容应当包括安全应急设施规划布局、规模等与运营安全的适应性,与主体工程的同步规划和设计情况;第四十一条要求,运营单位应当储备必要的应急物资,配备专业应急救援装备;第四十三条要求,运营单位应当在城市轨道交通车站、车辆、地面和高架线路等区域的醒目位置设置安全警示标志,按照规定在车站、车辆配备灭火器、报警装置和必要的救生器材,并确保能够正常使用。

2. 维保与使用方面

在应急物资与设施设备的维护保养、测试检验与调用方面,《办法》要求,运营单位应做好对应急设施设备的运行测试、管理和安全防护,具体包括对区间消防电话、应急照明、区间联络通道、区间疏散平台、车站、区间人防门(防淹门)和区间防排烟系统和风阀等设施设备,至少每年进行一次检查和功能测试;对列车门紧急解锁装置、站台紧急停车按钮、站台门应急解锁装置以及电扶梯紧急停梯按钮等紧急操作设备,运营单位应通过粘贴警示标签、视频监控、安排巡查等方式加强防护。《城市轨道交通初期运营前安全评估技术规范 第1部分:地铁和轻轨》要求,运营单位应配备满足初期运营需要的应急救援物资和专业器材装备,建立相应的维护、保养和调用等制度。

四、应急制度要求

国家层面从各类应急机制的建立、运营单位应急规章制度建设以及应急预案和演练等方面对城市轨道交通运营应急制度的建设提出了相关要求,如图2-5所示。

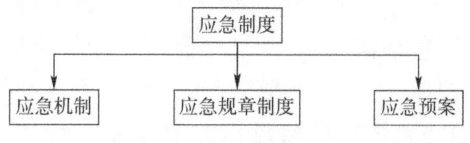

图2-5 应急制度构成要素

1. 应急机制的建立

在应急机制建设方面,突出强调信息共享机制、协同联动机制和应急指挥机制的建设。《意见》明确要求,建立协调联动、快速反应、科学处置的工作机制,强化运营单位对突发事件第一时间处置应对的能力,最大程度减少突发事件可能导致

城市轨道交通线网综合应急指挥系统研究与实践

的人员伤亡和财产损失。公安、交通运输等部门以及运营单位、街道、社区要密切协同联动。《国家城市轨道交通运营突发事件应急预案》要求,运营单位要建立健全应急指挥机制,建立与相关单位的信息共享和应急联动机制。《城市轨道交通初期运营前安全评估技术规范 第1部分:地铁和轻轨》要求,运营单位应与有关管理部门和单位建立突发事件应急联动机制。在应急机制的建设方面,由上海市交通委、上海市公安局等联合建立的轨道交通车站应对大客流"四长联动"应急处置机制是可广泛推广的典型模式。该机制明确了车站站长、轨道公安警长、属地派出所所长和属地街镇长四个岗位在车站大客流处置中的工作职责,编制"四长联动"应急处置预案,通过定期召开联席会议和开展培训演练提高车站大客流处置效率。

2. 应急规章制度建设

在运营单位应急类规章制度建设方面,从突发事件及时得到有效处置的角度出发,国家层面高度重视应急值守、信息报送、发布和调查处置等方面的制度建设。《规定》要求,运营单位应当完善应急值守和报告制度,应当建立城市轨道交通运营安全重大故障和事故报送制度,不断完善城市轨道交通运营安全管理制度以及安全防范和应急处置措施。《城市轨道交通初期运营前安全评估技术规范 第1部分:地铁和轻轨》要求,运营单位应建立应急信息报送、应急值守和报告、乘客应急信息发布、乘客伤亡事故处置和运营突发事件(事故)调查处理等应急管理制度;相关专业实施委外维修的,运营单位应与委外维修单位签订维修协议,并在协议中规定委外维修单位安全职责、人员安全培训和上岗条件、应急演练和应急救援、运营单位日常对重点维修项目的过程监督检查和验收等基本要求。

3. 应急预案和演练

在应急预案制定方面,国家明确了城市轨道交通运营单位应建立由综合应急预案、专项应急预案和现场处置方案组成的三级预案体系。《意见》要求,运营单位要建立完备的应急预案体系,编制应急预案操作手册,明确应对处置各类突发事件的现场操作规范、工作流程等。《城市轨道交通初期运营前安全评估技术规范 第1部分:地铁和轻轨》,将城市轨道交通运营单位应编制的应急预案分为运营突发事件类、自然灾害类、公共卫生事件类和公共安全事件类,并明确了必须制定应急预案的场景。针对不同运营单位共管的换乘车站,特别要求要制定客运组织协同处置预案。《办法》除明确了专项应急预案需要涵盖的7大类应急场景外,对行车调度员等关键岗位需制定的现场处置方案场景也进行了明确。

在应急预案管理方面,主要包括预案的审查和备案管理。《规定》要求,运营单位应当组织专家对专项应急预案进行评审。《办法》要求,运营单位综合应急预案、专项应急预案应报城市轨道交通运营主管部门备案。新编制或修订的,应在预案生效 20 个工作日内报城市轨道交通运营主管部门。

在应急预案演练方面,按照应急预案的层次划分原则,应急演练也可以划分为综合应急预案演练、专项应急预案演练和现场处置方案演练 3 个层级。《规定》《办法》《城市轨道交通初期运营前安全评估技术规范 第 1 部分:地铁和轻轨》明确,综合应急预案演练需要在新线开通初期运营前至少演练一次,新线开通后每半年至少组织一次实战演练,重点磨合和检验运营单位各部门、应急救援组织及相关单位间的协同联动机制;专项应急预案演练要求在新线开通初期运营前将 9 大类应急演练项目全部演练一次,新线开通后每半年至少组织一次,所有专项应急预案每 3 年至少演练一次。在形式上要求实战演练比例不得低于 70%,鼓励采用突击式演练;现场处置方案演练要求纳入日常工作常态化开展,每个班组每年应将有关的现场处置方案至少全部演练一次,重点检验作业人员现场处置能力。

五、应急能力建设保障

为更好地提高城市轨道交通运营单位的应急能力,应从经费、场地和新技术等方面为城市轨道交通运营单位的应急能力建设提供综合保障,如图 2-6 所示。

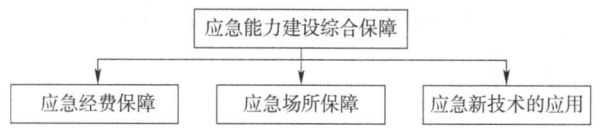

图 2-6　应急能力建设综合保障构成要素

1. 应急经费保障

在应急经费保障方面,从经费使用的场景,可以划分为日常应急经费和突发事件应急处置经费两类。针对日常应急经费,《办法》要求,运营单位应根据演练计划统筹安排应急演练经费,并纳入本单位安全生产费用。针对突发事件应急处置经费,《应急预案》规定,运营突发事件应急处置所需经费首先由事件责任单位承担。城市轨道交通所在地城市及以上地方人民政府要对运营突发事件处置工作提供资金保障。

2. 应急场所保障

在应急场所保障方面,《城市轨道交通运营期间安全评估规范》(交办运

城市轨道交通线网综合应急指挥系统研究与实践

〔2019〕84号）要求进入网络化运营阶段的城市轨道交通线网应具备"站点—区域—基地"三级应急点结构，实现人员、物资的统一配套设置。此外，还对站点级、区域级和基地级应急点的依托基础、覆盖范围和应急能力提出了明确的要求。

除三级应急点设置的场地外，与城市轨道交通应急能力建设密切相关的还有培训及演练的场地保障。当前各地城市轨道交通运营单位应急演练的场地主要集中在夜间停运期间的生产现场和部分职业院校的实训基地，演练场地的保障相对不足。为此，《意见》提出要建设国家级城市轨道交通应急演练中心，开展培训和实战场景演练；《办法》对国家级城市轨道交通应急演练中心的设置方式、基本条件和功能定位等给出了方向性的要求。当前，交通运输部正在酝酿出台更为详细的设置和申报方案，推动国家级城市轨道交通应急演练中心建设落地。

3. 应急新技术的应用

在新技术的应用方面，国家层面重视对专业应急救援装备的研发和相关信息化系统的建设。在专业应急救援装备的研发方面，《意见》提出鼓励和支持企业、科研院所及社会有关方面加强专业救援装备研究开发。在信息化建设方面，《规定》提出城市轨道交通运营主管部门和运营单位应当建立城市轨道交通智能管理系统，对所有运营过程、区域和关键设施设备进行监管，具备运行控制、关键设施和关键部位监测、风险管控和隐患排查、应急处置、安全监控等功能，并实现运营单位和各级交通运输主管部门之间的信息共享，提高运营安全管理水平。下一步，交通运输部将出台智能管理系统建设相关标准和指南。

第三节 国内外情况比较分析

总体来看，国内外通过制定法规和标准，不断完善城市轨道交通应急管理体系，提升城市轨道交通运营应急能力；城市轨道交通运营行业在标准制度建设、人才能力培养、技术装备研发和管理手段创新等方面持续发力。对比来看，我国城市轨道交通行业需要在以下几个方面借鉴国外经验，不断增强行业治理水平和城市轨道交通运营企业应急能力。

（1）完善水淹、火灾等重大风险监测预警与应急处置标准建设。针对水淹、火灾、列车脱轨等突发事件，应研究制定应急准备指南和现场处置手册，明确应急物资和设施设备建设与配置相关标准。针对行车、客运、消防、自然灾害、疫情等突发

事件，明确应急物资和设施设备配置种类及数量要求，为各地配置相关设备提供指引。另外，针对近年来发生的站台门夹人、列车在区间被水淹通风困难等突发事件，应借鉴英国标准化管理经验，研究制定站台门、列车车窗等相关技术要求，减轻灾害发生时对乘客造成的伤害。

（2）研究制定应急能力标准及应急战略规划。针对各类风险及应急场景，研究制定风险辨识、应急响应、处置时间等应急能力标准，为应急能力分析提供指引。针对应急能力存在的短板，研究编制3~5年内的应急战略规划，明确应急能力提升目标并持续完善。同时，应重视应急人才能力培养，研究建立应急指挥官、应急吹哨人等制度，并开展能力培训和评估，提高一线人员能力。尽快出台国家级城市轨道交通应急演练中心实施细则，明确建设国家级城市轨道交通应急演练中心的技术要求，建成区域性应急演练中心并投入使用，为应急人员培训和演练提供条件支撑。同时，应完善应急能力评估相关技术要求，创新应急能力评估手段，在现有应急管理体系基础上，研究开发应急能力评估技术指南，针对应急处置目标，评估当前应急能力水平，找准应急能力差距，开发便捷、易操作的评估工具。

（3）支持应急技术与救援装备研发。应出台具体措施鼓励应急设施设备创新，针对地下空间水淹、火灾、大客流疏散、列车救援等场景，鼓励开发应急排水、应急指引、应急通信、应急抢险车等工器具和装备。对于预警信息和防灾指引的发布，应推动移动设备供应商建立内置的应急指引小程序，发布灾害信息时通过手机振动、语音播报等形式给出提示，并针对不同人群给出明确的防灾指引。对于应急处置过程中的信息共享、人员疏散、紧急安置、物资分发、应急通信等需求，应研究建立全国统一的数字应急平台，紧急情况下开通专用的无线应急网络，覆盖范围内的用户均可以通过手机等直接上网获取相关信息。同时，城市轨道交通运营单位还应建立有效的应急指挥系统，对应急救援工作进行综合性指导。

（4）不断完善协同联动的应急管理手段。注重培养乘客和社区的自助互助能力，充分发挥社会救援力量作用。在企业应急响应方面，应研究建立行业统一的应急场景代码和用语，使现场工作人员或乘客发现突发事件时，能够以最快的、标准化的用语进行报告和沟通；最大限度压缩与公安、消防、应急等部门的协同时间，在最短的时间内共享灾害信息。另外，应建立对公安、消防、应急、医疗等多部门的直通电话与同步报告系统，避免紧急情况下无法第一时间取得联系或花费大量时间进行应急信息沟通。

城市轨道交通线网综合应急指挥系统研究与实践

第四节 本章小结

本章主要阐述了英国、美国和日本在应急管理和城市轨道交通应急方面的经验和做法，由于不同国家管理体制的不同，每项制度的产生、应用和发展都有相应的历史背景和社会环境，因此，要结合本国和本地区特点，建立适合自身发展特征的应急管理体系和制度。例如，英国建立了志愿者和社区互助制度，应急条件下和政府公共资源进行充分合作，有效发挥单位、社区的自组织作用。我国也在进行类似的尝试，例如将车站站长、属地警长、属地街道办以及社区进行联动的机制，共同参与运营风险辨识、应急预案编制以及应急演练等，这样在突发事件发生时可以形成快速的自组织体系，还可以与社会救援力量进行快速需求对接。美国和日本在国家应急准备指南、应急规划、应急能力评估、防灾手册等方面也开展了很多富有成效的工作。

在分析国内外应急管理做法和经验的基础上，本章针对国内的相关法规建设过程与要点，围绕关键岗位能力、应急物资与设施设备要求、应急制度要求以及应急能力建设等内容进行了阐述。最后，对国内外城市轨道交通应急管理的共同点和差异进行了比较分析，提出了我国在标准建设、应急规划、装备研发和联动机制方面可以借鉴的内容。

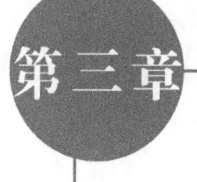

第三章 城市轨道交通线网综合应急指挥系统功能与数据采集

　　面对可能发生的突发事件，要想进行精准、高效的应急处置，并根据灾害严重程度和现场信息，最大程度发挥应急预案、人员和物资的联动作用，就需要搭建行之有效的应急指挥系统，进行综合调度和应急指挥。系统功能是进行系统设计的基本条件，合理、完善的功能设计是实现应急指挥的重要支撑。本章主要阐述城市轨道交通应急指挥系统的功能设计和数据采集需求，首先分析系统功能架构，在此基础上对动态信息采集需求进行阐述，讨论行车、客流、设施设备和运营协调等方面的系统功能和相关技术要求。

城市轨道交通线网综合应急指挥系统研究与实践

第一节 背景

应急指挥系统是应急能力的重要组成部分。国内外城市轨道交通运营单位均建有不同规模的应急指挥系统,能够集成基础设施信息、灾害信息、应急预案、视频监控、地理信息系统、应急通信等,遭遇灾害时可以快速获取信息并进行有效展示,为应急指挥决策提供科学依据。如何科学、合理、有效地建成应急指挥系统,充分发挥平时状态和应急状态的作用,关系到应急指挥系统的设计、建设和运营全过程。

随着国内各大城市轨道交通路网规模的不断扩大,现有的综合监控系统已不能适应多线路、多运营主体模式下的信息共享、运输调度、资源调配、突发事件处置等运营需求。基于现有的信息系统建设线网综合应急指挥系统是完善线网级应急管理能力的一项重要支撑。当前,北京、上海、广州、深圳、南京、天津、成都等城市已建成了线网综合应急指挥系统并投入使用,郑州、武汉、福州、厦门等城市正处于筹备建设阶段。总结北京、上海、广州和成都等城市的线网综合应急指挥系统,基本可以概括为以下特点:

(1)普遍采用"只监不控"模式,具有日常运营监管和应急指挥的功能。应急指挥系统在城市轨道交通运营管理监控指挥系统的基础上,通过增加一些应急预案管理、应急信息发布等功能,使系统具备了基本的应急管理、处置功能。

(2)COCC(Network Contingency and Operating Control Center,线网指挥中心)与部分线路OCC(Operation Control Center,运行控制中心)物理设于一处,高度集中,并建有独立的应急指挥场所;COCC将日常的运营协调与应急处置协同在同一场所内进行。

(3)城市轨道交通线网综合应急指挥系统具备突发事件时与有关部门、社会应急单位协调联动的功能。

英国、美国和日本等国外的城市轨道交通系统由于起步较早,车站、列车等硬件设施设备的先进程度较国内城市普遍偏低。但由于国外线路设计相对复杂,共线运营、大小交路、快慢车等行车组织与国内相比网络化特征明确,对行车安全及应急处置也提出了更高的要求。从东京、纽约和马德里等城市的线网指挥中心和应急指挥系统来看,在系统架构设计上和国内差异不大,在组织管理和协同联动等方面值得借鉴。

第三章 城市轨道交通线网综合应急指挥系统功能与数据采集

第二节 系统功能架构

在充分调研北京、广州、成都、上海等地城市轨道交通线网综合应急指挥系统建设情况的基础上,本书利用事故案例调查、专家座谈和情景分析等方法,研究搭建了适用于我国城市轨道交通的线网综合应急指挥系统功能架构,如图 3-1 所示。

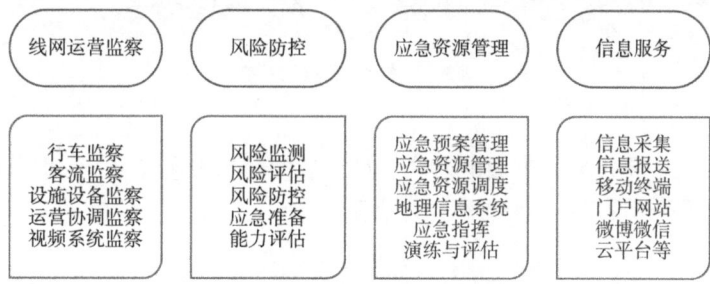

图 3-1 城市轨道交通线网综合应急指挥系统功能架构

城市轨道交通线网综合应急指挥系统主要功能包括运营监察、风险分析、应急资源管理和信息服务等板块,有效集成了城市轨道交通运营业务和安全应急业务。线网运营监察主要用来获取线网的行车、客流等信息;风险防控作为一项重要的应急能力,在风险监测与评估基础上,做好各项应急准备和应急能力评估;应急管理涵盖了预案管理、资源管理等功能;信息服务主要包括采集、报送等功能。该架构可以为我国城市轨道交通系统线网综合应急指挥系统的功能设计和系统建设提供参考,规范应急指挥系统的主要功能模块,支撑实现系统功能设计和接口的标准化。其中,线网运营监察和应急资源管理模块的功能要求如下。

一、线网运营监察功能

线网运营监察对象主要包括五类,分别是行车监察、客流监察、设施设备监察、运营协调监察和视频系统监察,如图 3-2 所示。

行车监察主要对线网行车计划、执行情况以及行车指标进行监察;客流监察主要对线网客流情况进行监察;设施设备监察主要包括可能影响行车和客运服务的设备故障信息等,包括信号、供电、站台门等;运营协调监察主要针对线网内各线路之间的运能匹配状态以及可能造成的换乘拥堵等情况进行有效管理;视频系统监察主要针对全网视频系统的状态和可能发现的预警信息进行监察。上述功能均应具备监测预警和报警管理等功能,可通过多种方式对值守人员进行及时提醒。

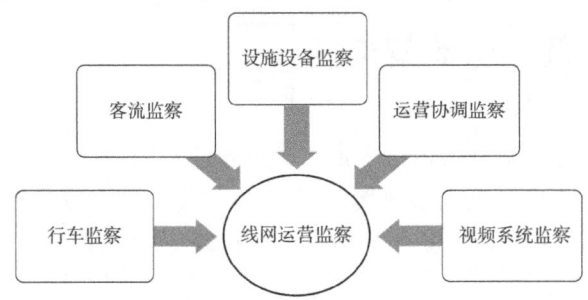

图 3-2　线网运营监察对象

1. 行车监察

行车监察主要包括六方面的内容,分别是行车计划、行车状态、状态评估、行车调整、行车预警和行车指标,如图 3-3 所示。

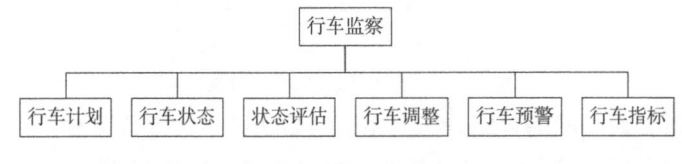

图 3-3　行车监察内容

行车计划主要是指线网的行车径路以及各径路的行车能力安排,体现形式是网络列车运行图。网络行车计划要突出网络行车径路的概念,在标准制定和系统设计时从网络径路的角度进行设计,弱化线路的概念,突出客流径路的概念,为未来网络调度指挥提供条件。

行车状态主要是指网络列车的运行位置和状态信息,供行车调度员对线网进行行车指挥。线网层面的行车状态应采用统一的图形显示界面。

状态评估主要是指对线网列车运行的状态进行评估和预判,对于偏离列车运行计划的列车给出状态报告,便于行车调度员进行列车运行调整工作。

行车调整主要是指对偏离列车运行计划的列车、故障列车或晚点列车进行行车计划调整的工作,目的是尽快恢复行车秩序,避免行车调整不及时导致的客流拥挤。

行车预警主要是指对发生故障或偏离运行计划的列车,从线网层面分析该事件可能对网络造成的影响,对于在其影响范围内的在线列车,应给出行车预警,便于网络层面的调度指挥和信息共享。

行车指标主要是指网络运行状态的统计分析数据以及报表,包括开行列车、晚点列车、正点率、兑现率、走行公里、影响行车和服务的故障信息等。

2. 客流监察

客流监察主要包括六方面内容，分别是实时客流、短时客流预测、客流预警、运能匹配预警、客流诱导以及客流指标，如图3-4所示。

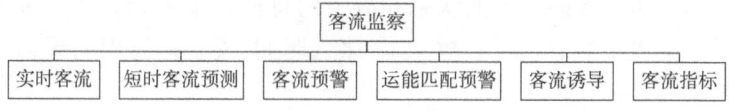

图3-4　客流监察内容

实时客流是基于AFC（Auto Fare Collection，自动售检票系统）数据和清分系统，监视线网客流分布情况；短时客流预测是基于实施客流对15min或30min之后的客流发展趋势进行合理预测；客流预警是指针对出入口、站台、通道等存在大客流风险的区域进行客流状态预警，为线网调度人员与车站进行协调配合提供数据基础。

运能匹配预警主要包括两方面，一是线路运能分配与线路区段满载率情况的对比分析，当运能无法满足或超过系统规定的报警阈值时给出报警提示；二是针对构成换乘关系的一条或多条线路，可能导致换乘通道或站台出现大客流拥挤现象时，对两条或多条线路的运能分配给出预警和合理建议，便于行车调度员进行网络行车资源的调整。客流诱导主要是判断客流诱导路径，通过乘客信息发布系统诱导客流换乘其他线路或地面交通方式，避免拥堵或故障路段。客流指标是指进出站、换乘量、满载率、拥挤度以及车站单位面积人员分布等指标进行分析，供行车调度员进行综合判断和应急指挥。

3. 设施设备监察

设施设备监察主要包括四方面内容，分别是设施状态、设备状态、预警信息和统计指标，如图3-5所示。

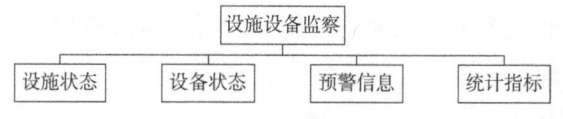

图3-5　设施设备监察内容

设施状态主要是指线路、轨道、桥梁、车站建筑和结构工程的状态信息，根据技术手段的不同，可通过视频图像或监测数据进行状态查看。

设备状态是指移动设备和固定设备的状态，移动设备主要指列车，固定设备主要包括供电、通信、信号等，考虑到运营单位实际生产管理的情况，维修管理部门设置专门的设备状态监视系统的，只需要将设备正常或异常状态接入线网综合应急指挥系统即可。

预警信息是指对于设施设备状态异常给出预警。其中，设施异常如轨道有超过规定水位的积水或雨水,或者轨道裂纹、桥梁支撑等超过预警值;设备状态异常则主要针对可能影响列车运行和客运服务的异常信息,对于不构成线网影响的状态异常,可以不纳入线网综合应急指挥系统的信息管理范围。

统计指标是指对设施设备的状态和故障信息进行采集和统计分析,包括设施状态以及设备的可用性、可靠性、故障率、服役时间、安全运行周期等,并且可生成相关报表。

4. 运营协调监察

运营协调监察主要包括三方面内容,分别是运能瓶颈识别、共享资源分配以及外部资源联动,如图 3-6 所示。

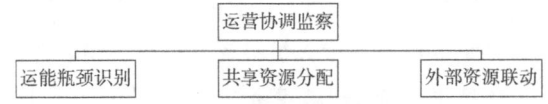

图 3-6　运营协调监察内容

运能瓶颈识别主要是指通过行车和客流监察数据,分析线网客流分布与运能安排之间的协调性,识别线网运能的瓶颈,包括高满载率区间、高密度站台、高拥挤度换乘通道等,并根据预警信息的阈值给出报警提示,供行车调度员时刻关注线网运能瓶颈和高风险区域,做好调度指挥和应急准备工作。

共享资源分配主要是涉及线网行车资源的调度,从内容上看主要是指线网行车径路的列车配置和时间分配,在形式上主要是指网络列车运行图的关键指标确认,包括换乘站各条线路列车运行时刻的协调、上线列车数、预先存车数量和位置以及列车运行交路等资源的分配。

外部资源联动主要包括地面公共交通资源的协同配置,尤其是在突发大客流等情况下,协调地面接驳公共交通的线路、位置和时间等调度信息,最大限度疏解地下换乘地面交通的客流。

5. 视频系统监察

视频系统监察主要包括三方面内容,分别是线网实时图像监控、报警图像联动以及移动现场监视,如图 3-7 所示。

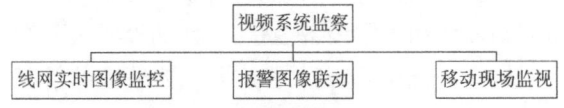

图 3-7　视频系统监察内容

线网实时图像监控是指线网综合应急指挥系统可以调用列车、车站和线路的视频监视图像,具有优先级,包括列车驾驶室、车厢内部、出入口、站厅、站台、区间、

第三章 城市轨道交通线网综合应急指挥系统功能与数据采集

变电所、车辆段和停车场等,并具有视频路线文件查询功能。

报警图像联动是指发生影响行车组织和客运服务的故障或运营突发事件时,发生位置的监视设备自动将与线网层面的监视系统联动,供线网层面及时掌握,避免查询造成时间浪费或影响事件处置。

移动现场监视是指进行突发事件应急处置时,现场指挥人员使用的应急拍摄装备或通信设备产生的图像数据,应能自动上传到线网综合应急指挥中心,供应急指挥使用。

二、应急资源管理功能

城市轨道交通线网应急指挥需要实现救援资源调配、人力物资保障、外部专项应急资源协调等,包括如公安、消防、医疗等部门的协调,以及其他交通系统的接驳。这些均是有效组织客流疏散的应急必备环节,因此,应急指挥系统需要资源分布、交通系统状态等信息的支撑。

应急资源管理主要包括应急资源的分类与编码管理、资源配置与分布管理、资源检索管理、资源显示管理以及资源更新管理,如图3-8所示。

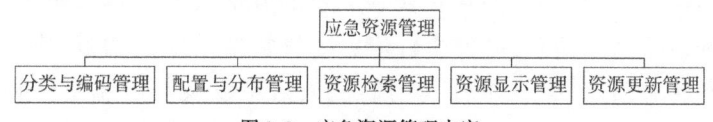

图3-8　应急资源管理内容

分类与编码管理主要用来规范应急物资的信息化管理,从物资采购到货开始,根据相关技术标准和规则,进行统一的物资编码。配置与分布管理主要关注应急资源的位置管理,显示在车站、车辆段的详细位置。资源检索管理主要是对应急资源的快速检索,查找相关资源的位置、数量等信息。资源显示管理是将应急资源在地理信息系统或BIM(Building Information Modeling,建筑信息模型)系统等平台进行显示,便于资源调配。资源更新管理是指及时更新应急资源是否有效、数量是否充足等状态,确保应急条件下现场应急资源均在正确的位置,均处于良好状态。

第三节　系统动态信息采集需求

一、需求分析

动态信息是指与行车组织、客运组织等城市轨道交通运营生产和突发事件应急处置相关的持续变化的各类信息的总和。为应对城市轨道交通运营各类突发事件，不同用户所需要的动态信息有所相同。下面针对城市轨道交通线网应急指挥决策者、线网调度人员、现场应急救援人员和乘客四种用户，分析不同用户对动态信息的需求。

1. 基于线网应急指挥决策者的动态信息需求

为了给出科学合理的应急指挥决策，线网应急指挥的决策人员对动态信息的需求包括突发事件发生的时间、地点、现场情况和先期处置情况信息；可能造成或已经造成的后果，包括伤亡人数和财产损失情况等信息；现场处置的进度和状态信息以及突发事件对线网总体运行的影响等信息。

2. 基于线网调度人员的动态信息需求

为了辅助线网应急指挥决策者作出科学的决策，以及将决策者的决策下发至各线路和现场的应急救援人员，线网调度人员对动态信息的需求包括全网风险点的管控信息；发生突发事件时线网的客流信息；突发事件对本线路行车组织的影响，以及与本线路存在换乘关系的其他线路的行车组织等信息；相关设施设备运行状态信息；突发事件应急处置需要的应急物资、应急救援人员分布位置和状态信息；突发事件现场的视频信息以及与应急事件相关的天气等外部信息。

3. 基于现场应急救援人员的动态信息需求

为了迅速赶赴突发事件现场开展现场救援和故障处理，现场救援人员对动态信息的需求包括突发事件发生的具体地点以及赶赴突发事件现场所需要的时间信息；现场救援和处置需要的应急物资的位置、状态等信息。

4. 基于乘客的动态信息需求

当遇到突发事件时，乘客需首先确保自己处于安全状态。在人身安全可以保障的情况下，乘客对于动态信息的主要需求包括预计线路恢复正常运行的时间信息；突发事件所在车站周边其他交通方式如公交车、出租汽车的位置信息和路况状态信息；突发事件原因及事件处置进度等。

数据采集部分按照专业和设备类别分为车辆、轨道、通风空调与采暖、给排水、供电、通信、信号、AFC 火灾自动报警、环境与设备监控系统、乘客信息系统、站台门、外部数据等类别。收集到的指标需求见表 3-1。

第三章 城市轨道交通线网综合应急指挥系统功能与数据采集

数据采集功能板块需求表   表 3-1

类别	设备	指标
车辆	车体	车厢照明、车辆完整性
	车门	车门开闭状态
	转向架	轴温、列车满载率
	电气系统	牵引故障报警、网压、MMI(Man Machine Interface,人机界面)数据(车门、主回路、控制回路相关数据)
	制动系统	制动故障报警、总风压力、制动压力、MMI 数据(各车制动压力、电制动电压、电流)
	受电弓	受电弓故障报警、受电弓视频监控
	牵引系统	牵引指令、牵引逆变装置切除或故障状态
	数量	线网、线路配属车辆、上线车辆、备用车辆、检修车辆数等
轨道	钢轨	轨温预警:通过轨温等指标可以实现钢轨胀轨跑道、断轨的监视和预警; 轨道电流预警:通过轨道电流等指标可以实现对钢轨断轨的监视和预警; 钢轨裂痕、监测设备数据
	道岔	位置示意图、尖轨密贴情况、监测设备数据
	道床	水淹道床预警:通过雨量大小等指标可以实现对道床排水运行状态的监视和预警; 道床积水情况、隐患部位数据
	备用轨	备用轨、备用岔存放位置
	区间视频监控	在区间辅助线、联络线、折返线、有岔区段
	资料	线路图、限界图
	安全设施及附属设备	附属设备运行状态预警:通过风力等级等指标可以实现对声屏障和风屏障运行状态的监视和预警;监测设备数据
路基		沉降量、沉降速率、土压力、孔隙水压力、水平位移、水平位移速率、路基温度等监测设备数据
建筑		水平位移、竖向位移、差异沉降、倾斜
隧道		水平位移、地表沉降、拱顶沉降、断面收敛、孔隙水压力、土压力、沉降量、沉降速率、断面收敛、收敛变化速率
桥梁		水平位移、竖向位移、挠度、沉降量、沉降速率、沉降量等监测设备数据

47

续上表

类别	设备	指标
	图纸	土建结构图、平面布置图
通风、空调与采暖	通风系统	通风模式、风机轴承温度、风机、风阀故障报警信息
	空调系统	重要设备房温湿度、车站环控模式、灾害模式相关信息
	供暖系统	暖通空调大系统设备状态数字量和模拟量,包括故障报警信息、车站主送风机、主排风机运行状态(设备名称、位置、控制权限,设备运行、停止、故障状态及风机运行转向)等
给水和排水	给水	消防主管道上水流信号、消防水泵状态(启动和停止)信号、故障状态信号、消防电动蝶阀状态信息、消防管网水压数据
	排水	车站、区间主废水泵房以及风亭内的水泵相关信号,主要为高低水位、水泵状态(启动和停止)、水泵故障信号、水泵位置、故障报警信息、集水井水位情况; 给排水系统设备状态数字量和模拟量,包括故障报警信息、车站给排水设备运行状态(显示设备名称、位置、控制权限,设备投入、退出、故障状态)数据,供水单元显示水压等
供电	变电所	变电所所有一次设备的电流、电压;变压器和整流设备的温度;油变压器的油位和色谱在线监测; 电压/电流预警(通过对变电一次设备的电流、电压的实时数据监控可以对供电系统一次设备故障进行预警); 温度预警(通过变压器和整流设备的温度,可以对变压器和整流设备的异常状态进行预警); 绝缘油异常预警(通过油变压器的油位和色谱在线监测,对油变压器内绝缘油异常状态进行预警); 一次设备连接处异常预警(通过一次设备连接处的红外成像在线监测,对一次设备连接处异常状态进行预警); 防雷预警(通过避雷器泄漏电流和动作次数的在线监测,实现雷雨天气对供电系统影响的在线监测); 33kV、10kV、变压器绕组、变压器油温; 主变电所主变压器、站用变压器、整流变压器的实时负载率
	牵引网	拉弧点大小、接触线磨耗值、1500V(APM线除外); 接触网供电分区,实时牵引电压、电流(1500V进、出线柜的电压、电流值; 再生能馈直流开关电流、电压)、接触网拉出值与导高实时变化测量,接触网拉弧、列车取流电压、电流值

续上表

类别	设备	指标
供电	动力与照明	EPS(Emergency Power Supply,紧急电力供给)市电电压、电流； EPS 运行状态(市电或逆变)； 防淹门系统：门开且锁闭状态； 400V 照明系统设备状态数字量和模拟量，包括故障报警信息、车站照明系统设备运行状态(显示设备名称、位置、控制权限,设备开启、关闭、故障状态及 EPS 设备运行情况)数据等
	电力监控系统	线路供电一次系统图(实时状态拓扑)、线路接触网状态图(实时状态拓扑)、各变电站供电一次系统图(实时状态拓扑)、400V 设备一次图(实时状态拓扑)； 10kV 系统、直流牵引系统、400V 系统电压、电流显示界面(实时数据)等
	10kV 系统设备	变电站10kV 系统设备遥测、遥信数据,包括故障报警信息、开关位置及状态、隔离开关手车位置及状态、接地开关位置及状态、变压器运行状态、电压互感器运行状态、备自投装置的投退状态及 10kV 系统电压、电流情况等
	直流牵引系统设备	变电站直流牵引系统设备遥测、遥信数据,包括故障报警信息、开关位置及状态、隔离开关手车位置及状态、整流柜运行状态及直流牵引系统电压、电流情况等
	400V 系统设备	变电站 400V 系统设备遥测、遥信数据,包括故障报警信息、开关位置及状态、400V 转换开关运行状态等
通信	传输系统	民用通信、公务电话等情况
	无线通信系统	线路、站点、通信组、通信号码、通话组应包含车站、维修、应急、车辆段/停车场
	视频监视系统	各 OCC 实时监控的视频、调度台的录音、故障报警信息、视频监控分布情况(车站、车厢内、重点设备房)、视频控制、录像回放、接入车站、列车、机房等视频信息
信号	ATS(Automative Train Supervision,列车自动监控)系统	车次、轨道号、方向、阻塞状态；ATS 实时画面及回放功能； 列车实时、计划运行图调取； 列车早晚点信息；列车运行信息(到发时刻)、信号表示、进路、火灾报警、站台门信息
	ATP(Automative Train Protection,列车自动保护)系统	车地通信状态、列车定位情况、列车升级提示、临时限速情况

续上表

类别	设备	指标
	AFC	客流、闸机报警信息、15min 进出站客流量
火灾自动报警系统 (Fire Alarm System, FAS)		扶梯状态、报警信息、电气火灾监控数据(泄漏电流、各项线缆温度等); 火灾报警信息、故障报警信息、防火分区示意图; 发生列车区间火灾时,显示区间火灾模式指令,相关车站风机、消防水设备模式启动、停止、故障情况及设备状态(实时状态拓扑)等
火灾自动报警系统	气体灭火系统设备	气体灭火设备状态数字量和模拟量,包括气体灭火设备运行状态[显示启动装置(机械启动、自动启动)设备名称、气瓶位置、控制权限,设备启动、停止、故障状态]等
	火灾相关联动设备	气体灭火监控设备状态数字量和模拟量,包括气体灭火监控设备运行状态[显示设备名称、位置、控制权限,设备启动、停止、故障状态(包括烟感、温感、各类报警开关、气灭控制器、气体释放指示等]等
		火灾相关联动设备状态数字量和模拟量,包括消防泵、防排烟设备、防火卷帘、挡烟垂幕、应急疏散照明、非消防电源设备运行状态(显示设备名称、位置、控制权限,设备启动、停止、故障状态)等
环境与设备监控系统 (Building Automation System, BAS)		车站温湿度数据信息; 环境与设备监控系统设备总览图(包括电梯设备、风机设备、照明设备、水泵设备名称、位置,设备启动、停止、故障状态,实时状态拓扑); 发生列车区间阻塞时,显示区间阻塞模式指令,相关车站风机设备模式启动、停止、故障情况及设备状态(实时状态拓扑)等
乘客信息系统 (Passenger Information System, PIS)		对任意线路、车站、区域、列车等进行一键发布
站台门		单侧站台超过3个故障的; 站台门、应急门、端门状态显示
外部数据	气象	恶劣天气预警、预警区域、天气、预警信息、气象预警信息、重污染预警信息; 局部气象:各站降雨量情况、高架站大风情况、风力、降雨量或积水量、能见度监测
	交通	车站外路面交通情况、共享单车、公交车投放情况; 铁路、机场实时客流、延误情况、道路拥堵情况
	自然灾害	地震、灾害预警信息

第三章 城市轨道交通线网综合应急指挥系统功能与数据采集

二、信息采集

根据城市轨道交通线网应急处置的需要,将城市轨道交通线网综合应急指挥系统需要的各类动态信息分为客流信息、行车信息、设施设备信息、视频类信息、生产类信息、外部信息六大类,如图3-9所示。

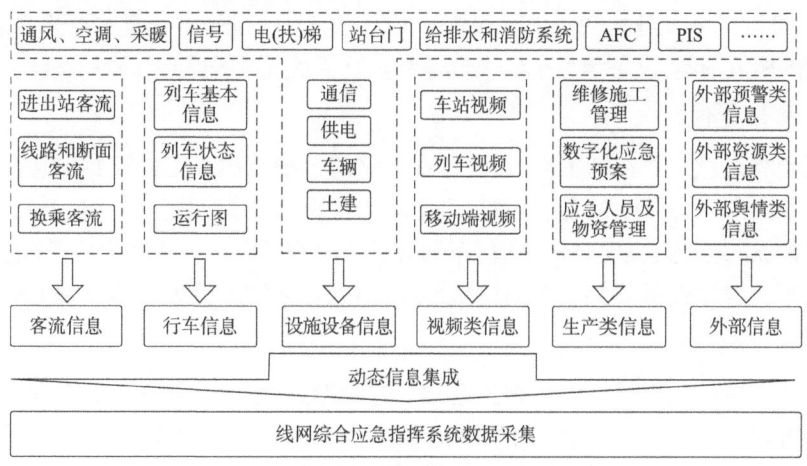

图3-9 线网综合应急指挥系统动态信息集成示意图

1. 客流信息

客流信息主要包括实时和统计的进出站客流、线路和断面客流、换乘站的换乘客流等信息。客流信息的采集主要有以下两种途径:一是通过自动售检票系统可以精确地采集到进站和出站客流信息;二是通过模型推算并辅助以其他技术手段校验得到的信息,比如线路和断面客流信息就是通过清分模型对自动售检票的数据进行路径清分后推算得到的。此外,有些城市轨道交通运营单位正在尝试采用列车称重技术、视频分析技术、定位技术、Wi-Fi嗅探、App(应用程序)感知等技术辅助校验线路和断面客流信息的准确性。

2. 行车信息

行车信息主要包括车次号、车组号、运行方向、目的地等列车基本信息,列车位置以及正常、阻塞或延误等列车状态信息,列车计划运行图、列车实际运行图和列车运行里程数据等信息。行车信息主要来自线路信号系统。

3. 设施设备信息

设施设备信息主要包括土建、车辆、供电、信号以及站台门等各类机电设备的状态信息。具体包括:①车站、区间的建筑结构、隧道埋深、平纵断面信息等;②车辆的牵引、制动、走行部、车门等重要设备的运行状态和故障报警，车载设备运行状态和故障报警，紧急制动手柄、紧急呼叫、车门紧急解锁、逃生门开启等应急触发信号等信息；③供电设备的遥信、遥测数据和继电保护动作记录、故障报警等信息；④信号设备如信号机、道岔、轨道区段等的运行状态和故障报警等信息；⑤隧道通风、车站通风空调、给排水、照明、站台门、电（扶）梯等设备的运行状态和故障报警等信息；⑥火灾报警信号、消防设施设备的联动状态和故障报警等信息。设施类信息主要来自土建建设阶段的相关资料，设备信息主要来自各专业设备系统或线路综合监控系统。

4. 视频类信息

视频类信息主要包括三类：①设置在车站的视频监控系统的视频信息，实现对包括车站出入口、站厅、站台、设备房等空间的视频监控；②设置在列车上的视频监控系统的视频信息，实现对驾驶室、车厢和轨行区的视频监控；③为应急救援人员配置的智能终端设备等移动端的视频信息，实现对突发事件现场的视频上传。

5. 生产类信息

生产类信息主要是指维修施工管理、数字化应急预案、应急人员管理、应急物资管理等信息。生产类信息的主要来源是运营单位建立的维修施工管理系统、数字化应急预案、应急人员管理系统、物资管理系统等。

6. 外部信息

外部信息主要包括三类：①外部预警类信息，包括对城市轨道交通安全运营产生影响的气象、地震、防汛防台等自然灾害类信息，公共安全类预警信息、公共卫生类预警信息、车站周边大型活动信息等；②外部资源类信息，包括城市其他单位的可为城市轨道交通运营突发事件所用的应急救援队伍、物资以及公交、消防、医疗等资源信息；③外部舆情类信息，包括乘客等社会群体对城市轨道交通运营突发事件的反映和诉求。外部信息的来源主要来自外部专业系统、互联网以及与相关单位建立的联动机制。

三、系统功能分析

根据线网应急指挥决策者、线网调度人员、现场应急救援人员和乘客对动态信息的需求，以及系统可采集的各类动态信息，通过信息的集成和统计分析等，可以支撑城市轨道交通线网综合应急指挥系统实现以下几方面的功能。

1. 对突发事件的动态监测预警

通过对各设施设备的信息集成，可实现对各系统的状态监测以及对设施设备故障导致的突发事件的预警;通过对客流信息的集成和监测以及视频类信息的集成,可实现对突发大客流等突发事件的预警;通过对外部预警类信息的集成和监测,可实现对突发自然灾害、突发公共安全事件、突发公共卫生事件等可能影响城市轨道交通政策运营的事件预警。

2. 应急处置时的辅助决策

发生突发事件时,通过客流信息和视频类信息的集成,可实时了解突发事件现场客流情况,辅助作出开展客流管控或紧急疏散等决策。通过行车信息的集成,可实时了解行车状态,结合客流情况辅助作出调整列车运行图等决策;通过突发事件现场视频信息的集成,及时了解突发事件现场处置情况,辅助作出响应等级的调整等决策。

3. 应急资源的管理和调用

《城市轨道交通运营期间安全评估规范》(交办运〔2019〕84号)明确要求,城市轨道交通进入网络化运营阶段后,线网应具备"站点—区域—基地"三级应急点结构,实现人员、物资的统一配套设置。通过对应急人员、应急物资等信息的集成,系统可辅助实现对应急人员和应急物资进行日常状态管理和应急查找调用等功能。

4. 对外信息动态发布

发生突发事件时,通过各类动态信息的集成和处理,可实时向乘客等社会公众发布突发事件发生原因和处置进展、预计线路恢复正常运营的时间等信息,以方便乘客安排出行时间和方式,满足乘客对各类信息的动态需求。

基于以上动态信息集成的城市轨道交通线网综合应急指挥系统信息采集需求如图3-10所示。

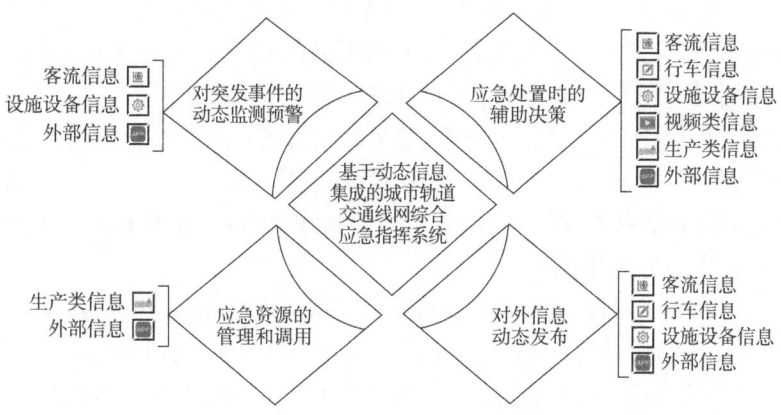

图3-10 基于动态信息集成的城市轨道交通线网综合应急指挥系统信息采集需求

第四节 数据采集与信息集成

城市轨道交通应急指挥系统采集与接入的数据和信息主要来自四个方面,分别是城市轨道交通线路各类设备系统、城市轨道交通运营单位内部专业信息化系统、城市轨道交通运营主管部门和城市其他相关应急指挥系统以及城市轨道交通运营单位外部信息系统或互联网系统等,具体情况如下。

(1)城市轨道交通线路各类设备系统,主要包括设备的运行状态和故障报警信息,人工填报的线路运营生产信息和线路应急事件信息等。

(2)城市轨道交通运营单位内部专业信息化系统,主要包括清分系统、维修施工管理系统、结构工程监测系统等。

(3)城市轨道交通运营主管部门和城市其他相关应急指挥系统,主要包括交通、应急等部门建立的相关管理系统。

(4)城市轨道交通运营单位外部的信息系统或互联网信息等,主要包括自然灾害预警信息、舆情信息等。

图 3-11 展示了城市轨道交通线网综合应急指挥系统采集与接入的主要的数据和信息类型。

一、信号与车辆信息

系统在线网运营协调方面,负责对线网日常运营进行监督和跨运营中心的运营协调,包括跨线运力不匹配时调度、换乘站突发大客流时跨线调度以及跨线路的列车、工程车、网轨车过线调配等;负责对线网各线路列车运行情况及行车设备设施质量进行监督,但不对各线路设备及日常运营进行直接控制。

系统作为线网行车应急指挥中心,负责故障情况下跨线路管理的换乘站、场段的应急联动协调,并下达线网行车组织、抢修组织协调指令。对于列车晚点超过一定时间、较大设备故障影响行车、中断行车等情况,线网应急指挥中心介入并启动相应预案,发布应急抢险指令。

基于以上要求,系统应实时采集各线路列车运行状态,包括但不限于车次号、车组号、运行方向、目的地、列车位置信息、列车阻塞信息、列车延误信息等;系统应采集列车计划运行图、列车实际运行图和列车运行里程数据等。系统应实时采集各线路信号设备运行状态,包括但不限于信号机、道岔、轨道区段等设备的运行状态和故障报警信息。

第三章 城市轨道交通线网综合应急指挥系统功能与数据采集

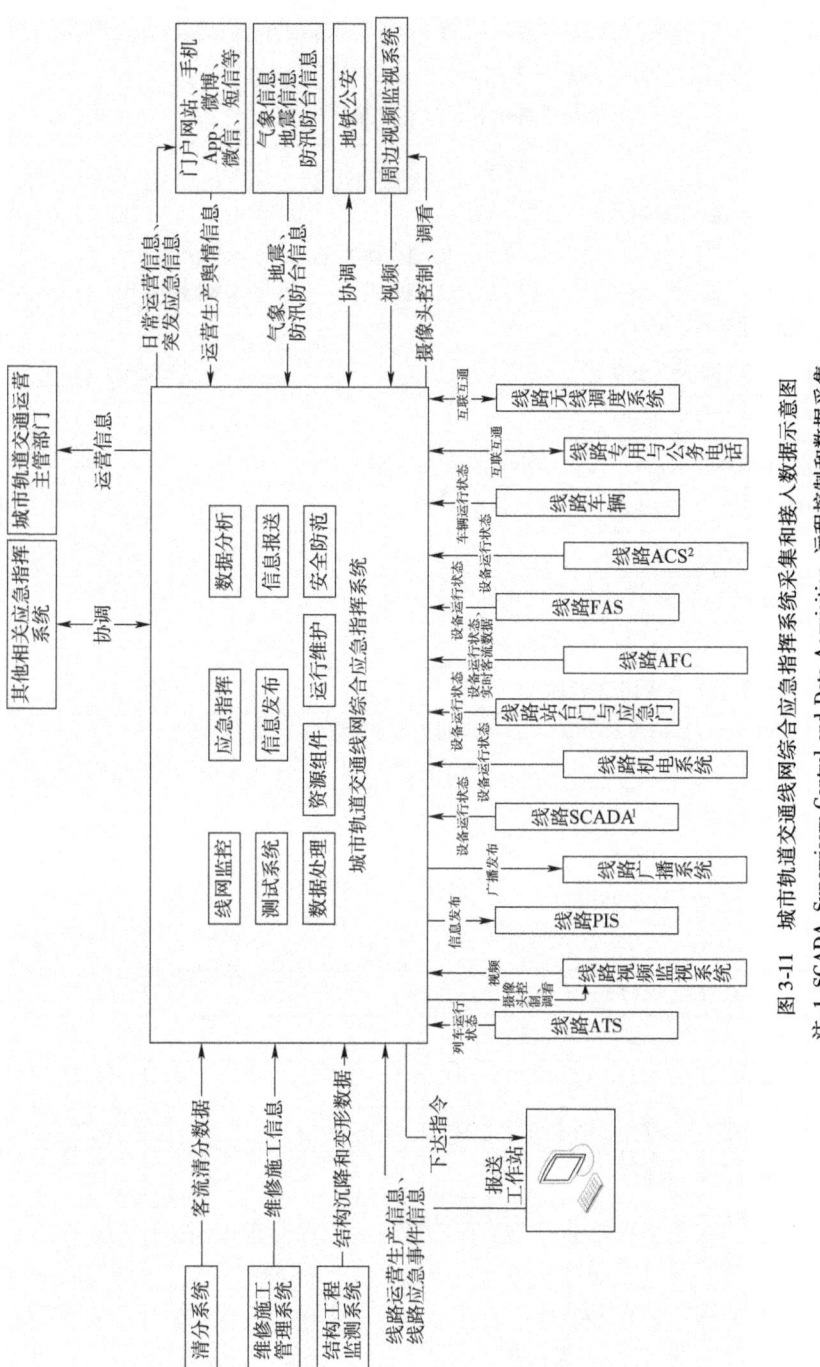

图 3-11 城市轨道交通线网综合应急指挥系统采集和接入数据示意图

注：1. SCADA, Supervisory Control and Data Acquisition, 远程控制和数据采集。
2. ACS, Access Control System, 门禁系统。

以站场信息为例，系统应采集道岔、信号机等设备信息，监视设备的道岔故障闭锁、道岔防护信号机状态等设备信息，具体见表 3-2。

信号设备信息采集需求表　　　　　　　　　　　　　　　　表 3-2

设　　备	采　集　信　息	采 集 频 次
信号机	自动通过进路模式、自动触发模式	实时
	信号机状态显示；包括道岔防护信号机、道岔防护兼出站信号机、出站信号机、阻挡信号机、出段信号机、进段信号机、调车信号机、调车兼阻挡信号机状态显示等	
	信号机封锁状态显示	
	引导信号状态显示	
	接近锁闭显示	
	灯丝断丝状态显示	
	信号机处于灭灯状态	
道岔	定位、反位、单锁、挤岔、封锁、锁闭、故障锁闭	实时
	占用、保护区段锁闭(OVERLAP)	
	道岔切除、道岔区段计轴失效	
	CBTC(Communication Based Train Control，基于通信的列车控制)限速、联锁限速	
轨道区段/计轴区段	占用、锁闭	实时
	轨道区段切除跟踪/恢复跟踪显示	
	保护区段显示(OVERLAP)、计轴失效状态显示	
	故障锁闭、封锁	
	CBTC 限速、联锁限速	
逻辑小区段（移动闭塞）	占用	实时
	锁闭	
与行车相关的站台信息	有列车停站、跳停、站台扣车、站台紧急关闭	实时
	站台关闭、清客	
	人工设置区间运行时间/区间运行等级显示	
	人工设置停站时间显示	
	屏蔽门打开、关闭状态显示	
	屏蔽门故障切除、恢复状态显示	

续上表

设　　备	采集信息	采集频次
临时限速	限速范围、限速速度	实时
终端折返模式	折返模式指示灯(自动折返1、自动折返2、自动折返3、自动折返4、自动折返5、自动折返6)	实时
控制模式	通信中断	实时
	站控、中控、紧急站控/联锁控	
实际时刻表或运行图	列车走行车站	非实时
	车组号、表号、列车车次、目的地号、是否计划车属性	
	实际到达时分、实际出发时分	
	运行方向(上行或下行)	

同时,系统应实时采集各线路车辆运行状态,包括但不限于牵引、制动、走行部、车门等重要设备的运行状态和故障报警,车载设备运行状态和故障报警,紧急制动手柄、紧急呼叫、车门紧急解锁、逃生门开启等应急触发信号等。

二、供电设备信息

系统集中监控线网各主变电站、各线路变电所的各类电力设备,实现分线路、分系统、分时段的能耗分析、评价和对比。系统应实时采集各线路供电设备运行状态,包括但不限于主变电所交流供电系统、环网系统、牵引供电系统、车站降压变电系统等供电设备的遥信、遥测数据和继电保护动作记录、故障信息等。

以400V进线柜为例,系统应采集的供电设备详细信息见表3-3。

400V进线柜设备信息采集需求表　　　　表3-3

序号	点描述	点类型	点值为0的含义	点值为1的含义
1	Ua	AI	—	—
2	Ub	AI	—	—
3	Uc	AI	—	—
4	Ia	AI	—	—
5	Ib	AI	—	—
6	Ic	AI	—	—
7	f	AI	—	—

续上表

序号	点 描 述	点 类 型	点值为0的含义	点值为1的含义
8	P	AI	—	—
9	Q	AI	—	—
10	故障报警	DI	消失	产生
11	电压异常	DI	消失	产生
12	装置通信故障	DI	消失	产生
13	断路器远方/就地	DI	就地	远方
14	断路器分合闸位置	DI	分位	合位

注：AI 表示模拟量输入（Analog Input），DI 表示数字量输入（Digital Input），后同。

三、机电设备信息

系统应实现线网车站及区间机电设备运行状态监视，实现对各站公共区温湿度环境状况的监视、对换乘车站通风空调模式协调，以及对乘客和安全相关关键设施的运行服务指标分析、统计和对比。以门禁系统设备为例，其设备信息采集需求见表3-4。

门禁系统设备信息采集需求表　　　　　　表3-4

序号	设 备 类	点 描 述	点 类 型	点值为0的含义	点值为1的含义
1	紧急打破玻璃报警门禁开关	门禁状态	DI	开门	关门
2		通信状态	DI	在线	离线
3		击碎报警	DI	正常	报警
4	带密码的安全门禁开关	门禁状态	DI	开门	关门
5		通信状态	DI	在线	离线
6		胁迫报警	DI	正常	报警
7	磁力锁	门禁状态	DI	开门	关门
8		通信状态	DI	在线	离线
9	主控制器	通信状态	DI	通信正常	通信故障
10		设备状态	DI	正常	故障
11	就地控制器	激活状态	DI	激活	非激活
12		通信状态	DI	在线	离线

第三章 城市轨道交通线网综合应急指挥系统功能与数据采集

系统应实时采集各线路自动售检票设备运行状态和进出站客流数据。以闸机为例，系统应采集的自动售检票设备详细信息见表3-5。

闸机设备信息采集需求表　　　　　表3-5

序号	点描述	点类型	点值为0的含义	点值为1的含义
1	运行状态	DI	停止	运行
2	故障状态	DI	正常	故障
3	紧急释放状态	DI	正常	释放

系统应实时采集各线路火灾报警系统设备运行状态，包括但不限于火灾报警信号、消防设施设备的联动状态和故障报警信息。以气体灭火系统为例，系统应采集的火灾报警系统设备详细信息见表3-6。

气体灭火系统信息采集需求表　　　　　表3-6

序号	点描述	点类型	点值为0的含义	点值为1的含义
1	预报警	DI	正常	预报警
2	报警确认	DI	正常	报警确认
3	气体释放	DI	正常	气体释放

系统应实时采集隧道通风系统设备、车站和区间排水泵站(房)、车站通风空调系统设备、照明系统、电(扶)梯等设备的运行状态和故障报警信息。以隧道风机为例，包括变频、旁路正反转，系统应采集的设备详细信息见表3-7。

隧道风机设备信息采集需求表　　　　　表3-7

序号	点描述	点类型	点值为0的含义	点值为1的含义
1	变频正转状态	DI	无	正转运行
2	变频反转状态	DI	无	反转运行
3	变频器故障	DI	无	故障
4	主电源状态	DI	分闸	合闸
5	旁路正转状态	DI	无	正转运行
6	旁路反转状态	DI	无	反转运行
7	旁路故障	DI	无	故障
8	停止状态	DI	无	停止
9	频率	AI	—	—
10	轴承温度	AI	—	—

系统应实时采集各线路站台门运行状态，包括但不限于站台门操作模式和每扇

门的故障报警信息。以滑动门为例，系统应采集的站台门设备详细信息见表3-8。

滑动门设备信息采集需求表　　　　　　　　　　　表3-8

序号	点 描 述	点 类 型	点值为0的含义	点值为1的含义
1	门控单元报警	DI	正常	报警
2	发动机报警	DI	正常	报警
3	操作模式	DI	手动	隔离
4	运行状态	DI	开启	关闭

系统应实时采集各线路防淹门运行状态，包括但不限于防淹门系统状态、闸门的动作信息和故障报警信息。表3-9为系统应采集的防淹门设备详细信息表。

防淹门设备信息采集需求表　　　　　　　　　　　表3-9

序号	运行状态与报警信息	点 描 述	点 类 型	点值为0的含义	点值为1的含义
1	系统整体状态信息	水位信号	AI	—	—
2		水位预报警	DI	正常	报警
3		水位危险报警	DI	正常	报警
4		系统故障	DI	正常	报警
5		车控控制状态	DI	退出	投入
6		就地控制状态	DI	退出	投入
7		检修状态	DI	退出	投入
8		手动请求关门	DI	退出	投入
9	闸门运行状态信息	闸门解锁报警	DI	退出	投入
10		闸门全关状态	DI	无效	门全关
11		闸门上极限位状态	DI	无效	门上极限位
12		闸门下降至压下位	DI	无效	闸门至压下位
13		闸门门锁定位正常位	DI	报警	闸门门锁定位
14		闸门提升	DI	未动作	动作
15		闸门下降	DI	未动作	动作
16		下压锁定	DI	未动作	动作

第三章 城市轨道交通线网综合应急指挥系统功能与数据采集

续上表

序号	运行状态与报警信息	点 描 述	点 类 型	点值为0的含义	点值为1的含义
17		下压解锁	DI	未动作	动作
18		闸门电机故障	DI	正常	报警
19		锁定小车故障	DI	正常	报警
20	闸门报警状态信息	下压电机故障	DI	正常	报警
21		允许关门	DI	退出	投入
22		压紧装置上升限位	DI	正常	报警
23		压紧装置下行限位	DI	正常	报警
24		荷重开关超载	DI	正常	报警

四、通信系统信息

系统应接入各线路 PIS，应能实现对各线路车站和列车的统一信息发布。表 3-10 为系统接入 PIS 的详细信息表。

PIS 设备信息采集需求表　　　　　表 3-10

序号	点 描 述	点 类 型	点值为0的含义	点值为1的含义
1	信息发送控制	AO	—	—
2	信息发送反馈	DI	失败	成功
3	正常/紧急模式	AO	—	—
4	播放模式控制	AO	—	—
5	车站/列车选择	AO	—	—
6	车站区标志	AO	—	—
7	线路标识	AO	—	—
8	信息 ID	AO	—	—
9	信息内容（限定长度）	AO	—	—

注：AO 表示模拟量输出（Analog Output），后同。

系统应接入各线路广播系统，应能实现对各线路车站和列车的统一广播。以广播控制为例，系统接入广播系统的详细信息见表 3-11。

城市轨道交通线网综合应急指挥系统研究与实践

广播系统控制设备信息采集需求表　　　　　　　　表 3-11

序号	点 描 述	点 类 型	点值为 0 的含义	点值为 1 的含义
1	语音广播	AO	—	—
2	实况广播	AO	—	—
3	操作员 ID	AO	—	—
4	语音段 ID	AO	—	—
5	语言播放区域	AO	—	—
6	线路	AO	—	—
7	控制字指令	AO	—	—

五、客流信息

系统应采集清分系统数据，包括但不限于各线进出站实时客流数据、线路和断面客流量、出行到达客流，以及换乘站的换乘客流量。条件允许时，应采集列车、站厅、站台、通道等特定区域的 15min 内客流数据。

1. 实时数据

实时数据用于满足应急指挥系统监察实时运营情况、监测客流情况和运力运量等，或提供给在线监察、生产指标系统进行业务的实现。实时客流数据采集需求表见表 3-12。

实时客流数据采集需求表　　　　　　　　表 3-12

序号	数据类型	用 途
1	ACC 转发 5min 进、出站客流量； COCC 计算当前累计进、出站客流量； （均按车站、线路、线网分表传输）	客流监察
2	ACC 转发 5min 分票种进、出站客流量； COCC 计算当前累计分票种进、出站客流量； （均按车站、线路、线网分表传输）	客流监察
3	COCC 计算 5min 断面客流量	客流监察

注：1~2 项内容中的 5min 客流量为最近 5min 的进出站客流量，比如 9:05，将 9:00—9:05 的数据传输到 COCC；1~2 项内容的累计客流量为从运营开始以来的客流量数据。

2. 非实时数据

在当天（月、年）生产系统结束后统一采集并提供给 COCC 运用于指标分析或数据存储。建议每日 1:00—6:00 之间完成前一天的数据传输，数据采集需求见表 3-13。

第三章 城市轨道交通线网综合应急指挥系统功能与数据采集

非实时数据采集需求　　　　　　　　　　　　　　　　　表 3-13

序号	数 据 类 型	用　途
1.客流信息类指标分析结果数据		
1.1	车站进站客流量	客流类指标分析与展示
1.2	车站出站客流量	客流类指标分析与展示
1.3	线路进站客流量	客流类指标分析与展示
1.4	线路出站客流量	客流类指标分析与展示
1.5	分票种进站客流量(车站、线路)	客流类指标分析与展示
1.6	分票种出站客流量(车站、线路)	客流类指标分析与展示
1.7	线路客运量	客流类指标分析与展示
1.8	车站集散量	客流类指标分析与展示
1.9	线路客运周转量	客流类指标分析与展示
1.10	单程票使用数量及比例	客流类指标分析与展示
2.ACC(Auto Fare Collection Clearing Center,AFC 清分中心)配置数据		
2.1	ACC 线路信息	客流类指标分析与展示
2.2	ACC 车站信息	客流类指标分析与展示
2.3	ACC 断面信息	客流类指标分析与展示

注：1.客流信息类指标分析结果为 ACC 系统指标分析计算结果,其中每一种指标分析结果根据其统计粒度(时间、空间)涉及多个接口数据表。

2.ACC 配置数据经首次传输之后,仅在线网有所更新时重传,无须每日发送。

3.指标及计算

应计算车站进站客流量、出站客流量等指标,并按照 5min、15min、1h 以及 1 日、1 周、1 个月、1 年的频次进行统计分析,指标的计算依赖各车站闸机记录的刷卡或乘车码数据,客流指标及计算方法见表 3-14。

客流指标定义及计算方法　　　　　　　　　　　　　　表 3-14

指标编号	指标名称	定　义	计算方法	单位	统计粒度
1.客流信息类指标					
1.1	车站进站客流量	统计期内,在城市轨道交通车站刷卡进站的乘客数量	计算方法:Σ(车站各进站闸机进站客流量)	人次	5min、15min、1h、1日、1 周、1 个月、1 年

续上表

指标编号	指标名称	定义	计算方法	单位	统计粒度
1.2	车站出站客流量	统计期内,在城市轨道交通车站刷卡出站的乘客数量	计算方法:Σ(车站各出站闸机进站客流量)	人次	5min、15min、1h、1日、1周、1个月、1年
1.3	线路进站客流量	统计期内,在运营线路所属车站刷卡进站的乘客总量	计算方法:Σ(各车站进站闸机进站客流量)	人次	5min、15min、1h、1日、1周、1个月、1年
1.4	线路出站客流量	统计期内,在运营线路所属车站刷卡出站的乘客总量	计算方法:Σ(各车站出站闸机出站客流量)	人次	5min、15min、1h、1日、1周、1个月、1年
1.5	分票种进站客流量(车站、线路)	统计期内,各运营车站、线路不同票种刷卡进站的乘客总量	计算方法:分票种Σ(进站客流量)或Σ(各车站路进站客流量)	人次	5min、15min、1h、1日、1周、1个月、1年
1.6	分票种出站客流量(车站、线路)	统计期内,各运营车站、线路不同票种刷卡出站的乘客总量	计算方法:分票种Σ(出站量)或Σ(各车站出站客流量)	人次	5min、15min、1h、1日、1周、1个月、1年
1.7	线路客运量	统计期内,线路运送的乘客数量	计算方法:Σ(进站客流量)	人次	5min、15min、1h、1日、1周、1个月、1年
1.8	车站集散量	统计期内,城市轨道交通指定车站进出站客流量和换乘量总和	计算方法:Σ(指定车站进出站客流量)	人次	5min、15min、1h、1日、1周、1个月、1年
1.9	线路客运周转量	统计期内,运营线路乘客乘坐距离的总和	计算方法:Σ(每一个乘客乘坐x号线的距离总和)	人次公里	5min、15min、1h、1日、1周、1个月、1年
1.10	单程票使用数量及比例	统计期内,城市轨道交通使用单程票进站客流量占总进站客流量的比例	计算方法:Σ(使用单程票进站客流量)/Σ(各线路进站客流量)	无	1日、1周、1个月、1年

六、其他信息

系统还应采集维修施工管理系统、视频监视以及气象数据等信息。系统应采集的维修施工管理系统信息,包括但不限于维修施工区段、施工时间和施工状态等,并将其作为调整线网运营模式的重要参考信息。系统应接入各线路视频监视系统,应能满足每条线路同时调看不少于16路车站和4路列车的摄像机图像,并应具备调看各线路录像功能。

系统应采集天气信息、地震信息、防汛防台信息等数据信息,作为调整运营模式和启动应急响应的参考信息。表3-15所列为详细信息示意。

天气、地震及防汛防台信息　　　　　　　　表3-15

类　别	采集信息	说　明
天气预报	当前天气	—
	最高气温	—
	最低气温	—
	当前气温	—
	降水量	—
气象预警	预警日期	—
	预警类型	—
	预警级别	—
地震预警	预警时间	秒(s),倒计时
	预估烈度	—
汛情预警	预警日期	—
	预警类别	—
	预警级别	—
台风预警	预警日期	—
	预警类型	—
	预警级别	—

第五节　本章小结

本章主要讨论了线网综合应急指挥系统的相关背景及建设的必要性,分析了系统功能架构和数据采集需求,系统的功能需求主要来自已有事故案例经验教训产生的需求、重大风险可能造成的严重后果产生的需求以及对不可预知风险预判产生的需求等。通过对国内外城市轨道交通典型事故案例的充分分析、专家座谈与情景分析等方法,综合确定合理的系统功能。本章主要提出了行车、客流、设施设备、运营协调和视频监控方面的功能需求,并分析了相关数据的采集需求和采集信息要求。需要说明的是,对重大风险进行辨识以及对不可预知的风险进行合理假设,从而推演可能造成的后果及处置要点,提出清晰的应急准备方案,明确线网综合应急指挥系统的特定功能需求,并指导系统设计是一项极其复杂的工作。因此,需要通过风险分析和应急能力评估发现存在的能力不足,并不断进行系统完善,持续提升应急能力。

第四章 城市轨道交通线网综合应急指挥系统架构与接口

　　城市轨道交通线网综合线网综合应急指挥系统是重要的生产指挥、辅助决策和应急管理工具，与每条线路具有复杂接口和信息传输，系统架构与接口设计决定了系统的使用、扩展和更新。本章主要阐述城市轨道交通线网综合应急指挥系统的架构，分析系统的内外部边界，论述系统建设与线网指挥中心的关系，同时描述应急指挥系统与线路系统、清分系统等关联系统的接口以及信息传输等。

城市轨道交通线网综合应急指挥系统研究与实践

第一节 系统主体架构

一、系统边界

城市轨道交通线网综合应急指挥系统由动态数据监视、静态信息显示、系统预警、应急处置、应急资源管理、信息发布、统计分析、系统测试等组成,采用冗余、分布式的系统架构,按照边界设防、区域隔离的原则进行设计,并采用故障隔离和抗干扰等安全防范措施。系统应用架构与边界如图 4-1 所示。

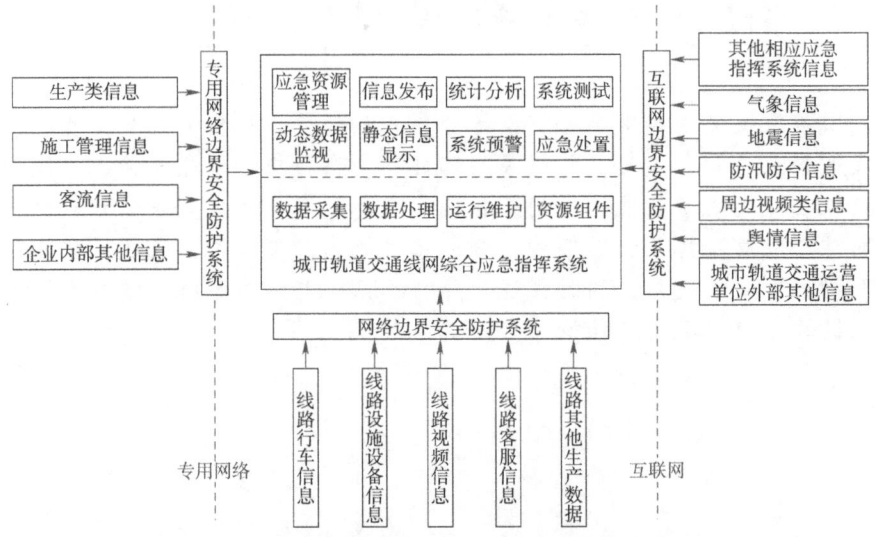

图 4-1 城市轨道交通线网综合应急指挥系统架构与边界关系图

图 4-1 中,资源组件包括元数据管理组件、数据质量管理组件、数据服务组件、数据处理组件、地理信息组件、报表组件、消息组件、企业服务总线(Enterprise Service Bus,ESB)等组件。

城市轨道交通线网综合应急指挥系统应至少包含以下功能:

(1)配置应急会商系统,为操作和指挥人员提供现场监视、综合显示、视频会议等功能;

(2)在每一条线路的 OCC 设置至少一台报送工作站,当两条及以上线路共用一个 OCC 时,则至少设置一台共用的报送工作站;报送工作站放置于线路 OCC 中,接入应急指挥系统网络;

68

(3)在系统内应设置实时服务器、应用服务器、历史服务器、存储设备、工作站、移动终端、打印机、测试仿真器、不间断电源等设备；

(4)在系统内应设置综合显示系统，如大屏幕系统、复示系统等；

(5)在应急物资与设施设备存放地点、应急值守地点设置工作站；

(6)配置现场移动终端，现场音频、视频、图像、位置等数据应在规定时间内传入系统。

城市轨道交通线网综合应急指挥系统宜具备接收音频信息功能。

城市轨道交通线网综合应急指挥系统可以采用云计算技术架构。对于采用云计算技术架构部署业务的，建议优先使用虚拟机资源承载相关应用；而对于某些I/O（输入/输出）密集型应用，当虚拟机无法满足性能要求时，可以使用裸金属服务器。

城市轨道交通线网综合应急指挥系统整体硬件架构如图4-2所示，其中虚框表示可以云化的设备，包括使用虚拟机资源的服务器和使用云桌面的工作站等。

通常来讲，根据线网规模的大小，应急指挥系统会采取单独建设或合并建设模式。对于线路和车站较少、数据接入条件一般、基础数据量不大的线网，可以考虑单独设置线网综合应急指挥系统。而对于线路和车站较多、数据接入条件较好、基础数据量巨大的线网，为避免重复投资，线网综合应急指挥系统可以与线网指挥中心合并建设，在线网指挥中心设置独立的应急中心和调度岗位，负责应急管理和应急指挥。本书主要阐述这类合并建设模式，描述的线网综合应急指挥系统或应急中心均设置在线网指挥中心，如图4-3所示。

总体上来讲，线网指挥中心主要包括"面向集团管控""面向运营管理""面向线网协调"等任务，并包含数据中心和多个服务中心，可以分为运营中心、应急中心、评价中心、发布中心和智能中心等，具体功能如下。

(1)运营中心：提供线网日常运营监察、安防监察和运维协调等功能，包括设备监察、客流监察、视频监察、行车监察、安防监察等功能。

(2)应急中心：提供线网突发事件应急管理功能。

(3)评价中心：提供线网运营态势分析、效率分析、应急处置评估分析等功能，可相对独立于运营中心和应急中心，通过实施客观评价或评估，在此基础上提供运营辅助决策功能。

(4)智能中心：主要提供大数据和人工智能分析功能，带有一定的尝试性，通常包括客流预测、运营仿真、设备故障预测、智能视频分析等功能。当智能中心的某个功能算法具备适用能力，可支撑日常运营或应急管理时，就可以将其调整到运营中心或应急中心。

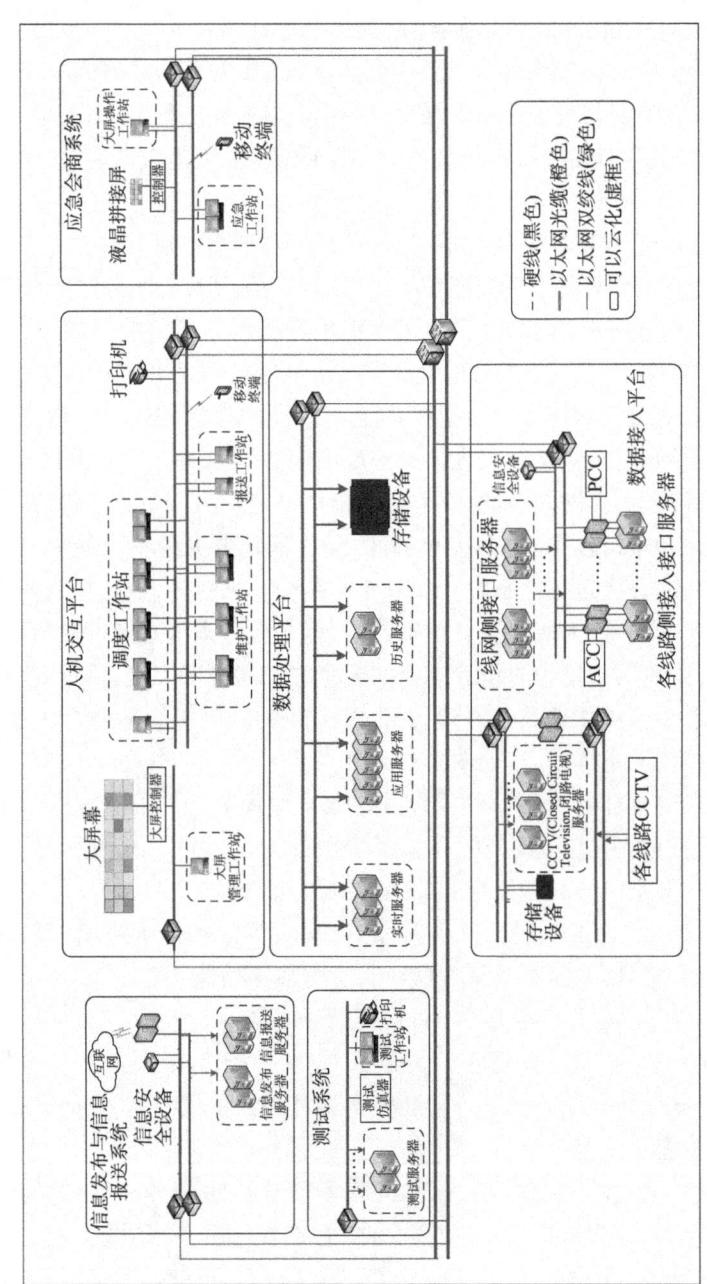

图 4-2 城市轨道交通线网综合应急指挥系统整体硬件架构图

注：PCC，PIS Control Center，乘客信息系统编播中心。

第四章 城市轨道交通线网综合应急指挥系统架构与接口

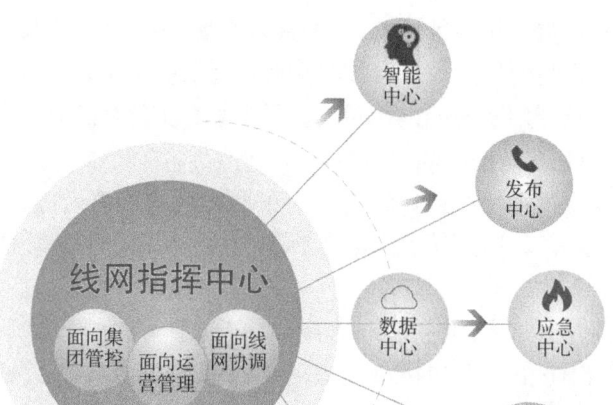

图4-3 线网指挥中心与应急中心合并建设的关系图

(5)发布中心:提供线网内外(包括线网运营主体内外)的各类信息发布功能,以及与PCC、办公自动化(Office Automation,OA)系统、线网运营生产管理系统、短信平台、微信、微博等系统的接口功能,建设内、外网门户和App等信息发布媒介,提供舆情监测功能。

根据城市轨道交通运营单位组织架构和工作方式不同,管理模式通常包括线网级管理、线路级管理和车站级管理,控制模式通常包括线网级控制、线路中心级控制、车站级控制和系统设备就地级控制。

二、数据接入平台

数据接入平台负责对接入系统进行接口管理和数据采集的预处理,主要由接口服务器、接口交换机、键盘、视频或鼠标(Keyboard Video Mouse,KVM)等设备构成。

接口服务器承担系统内外数据交互功能。一方面,负责接入和整合线路侧机电系统的数据(如综合监控、信号、通信等),并进行信息预处理。通常情况下,一个OCC配置一套接口服务器,负责该OCC所有线路的数据接入和整合。另一方面,与其他相关系统,如ACC、PCC、线网运营生产管理系统等进行数据接口,以及与政府相关部门(如应急、交通运输等部门)的数据互联互通。

接口交换机负责连接各区域 OCC 的接入系统和线网监控及应用系统的内部网络。接口交换机与数据处理平台核心交换机之间应设置防火墙及安全保护策略以保护线网监控及应用系统的内部网络。同时,接口交换机应作为限制 COCC 至各 OCC 网络之间相互访问的隔离设备。

线网监控及应用系统在接口设备上应采取有效的隔离措施,如在接口交换机划分虚拟局域网、端口隔离等,不得由于接口故障的原因损坏对方系统的内部设备。

线网监控及应用系统与各系统的接口,在具备条件的情况下应设置冗余设备和冗余机制,以防止网络和接口设备的单点故障导致接口数据交互中断。接口传输速率及带宽一般不低于 100Mb/s,保证数据传输的实时性和可靠性,如有特殊需求,需要大数据量传输的,可增加带宽为 1000Mb/s 及以上。考虑到接口的通用性和可扩展性,网络层和传输层协议建议采用 TCP/IP 协议,应用层协议建议采用通用、标准的工业传输协议,例如 Modbus TCP/IP 协议、SFTP 协议等,如有特殊需求采用自定义协议的,应公开协议文本,并提供协议接入测试环境。

三、数据处理平台

数据处理平台主要负责从数据接口系统获取、处理和存储数据,并对实时、离线等不同数据按照相应业务系统的需要进行快速处理,并能通过统一的接口为 COCC 各应用系统提供数据支持。

数据处理平台主要设备包括核心交换机、监控实时服务器、ATS 实时服务器、监控历史服务器、基础数据服务器(非结构化数据)、其他业务服务器[含应用服务器、地理信息系统(Geographic Information System,GIS)服务器、内/外部 WEB 服务器、移动决策服务器等]、存储区域网络(Storage Area Network,SAN)存储交换机、磁盘阵列等。

数据处理平台计算处理量较大,一般采用不同服务器分担处理业务的软硬件部署方式。如监控实时服务器、ATS 实时服务器和监控历史服务器用于处理各线弱电系统上传的实时数据和历史数据,基础数据服务器负责管理非结构化数据(图纸、影像等资料)。应用服务器负担各类业务功能,移动决策服务器用以提供内网 WEB 业务功能等。因此,采用云计算技术架构,统一管理资源并承载各类应用,是较好的技术手段。

数据处理平台负责对各线上传的、人工录入的基础原始数据进行存储,存储的数据内容包括线路所有弱电系统的设备运行信息和设备状态信息等结构化数据，以及各类文件、照片、图纸、影像等非结构化数据。核心处理平台的实时监控服务器、历史服务器、基础数据服务器通过冗余的以太网光纤接口与SAN存储设备连接。

数据处理系统配置相应的数据处理软件以实现相应的数据处理功能。数据处理系统软件包括但不限于实时数据库、历史数据库(关系型数据库)、非结构数据管理软件、备份软件等，并按照业务平台需求实现定制开发。

数据处理平台设置核心数据交换机，汇集线网指挥中心系统的所有平台及其网络设备；核心数据交换机通过单模光缆星型连接人机交互平台交换机、测试及培训系统交换机、网管系统交换机等，并通过线网骨干网络通道连接各区域控制中心的接入平台交换机和各控制中心内复示系统交换机。

四、人机交互平台

人机交互平台能根据运营需求对数据进行处理分析后形成图形化、多元化的界面，向用户展示各系统监控数据信息，实现各类应用功能的可视化。人机交互平台主要由各类操作员工作站、各线路报送终端、平板应用终端、打印机、KVM、大屏幕显示系统、复示系统等设备构成。

人机交互平台软件包括不限于：COCC基础平台软件、线网监察及联动软件、应急事件指挥业务软件、地理信息及录况支持业务软件、信息报送及发布业务软件、生产指标统计分析业务软件、业务展示软件(如商业智能BI软件)、即时通信业务软件(如短信猫等信息发布软件)、门户软件、报表软件、App等。

人机交互平台在各线路或区域控制中心值班主任调度台上设置一台报送终端工作站，接入本区域控制中心接入平台交换机，并安装信息报送业务软件，使各线控制中心接收到线网指挥中心发送给线路控制中心的调度相关指令、突发事件报告以及突发事件预案内相关的安排及措施等，供控制中心人员接获信息后决策下一步行动。报送终端利用各控制中心大厅内的备用回路进行供电，利用各线控制大厅内的弱电接地端子排进行接地处理。

同时，在各区域OCC安装本区域各条线路的综合监控、ATS系统上位机平台软件，线网指挥中心通过KVM技术实现对线路工作站的远程调用，实现远程或应急情况下的监督。

人机交互平台通过交换机与数据处理平台连接。各区域或线路的信息报送终端通过接入平台交换机——线网骨干网络连接到人机交互平台。

五、大屏幕

线网指挥中心设置大屏幕系统(Overview Projection System,OPS),并在上方设置 LED(Light Emitted Diode,发光二极管)显示屏。大屏幕显示平台主要设备包括大屏幕投影单元、LED 显示屏、大屏幕及 LED 控制器和大屏管理工作站。

以成都地铁 COCC 系统为例:控制中心大屏幕配置了 39 块 80in LED 光源数字光处理器(Digital Light Processing,DLP)显示单元,按 3 行 13 列进行拼接,并在屏幕墙上方设置 600mm 高 LED 显示屏。

大屏幕显示信息显示区做了功能设计划分,包括 AFC 客流信息显示、线网行车信息显示、CCTV 视频监视、线网综合信息显示 4 个基本区域,显示区域内容可随运营需要灵活调整、调用和拖动。LED 显示区设置在大屏幕上方,高 600mm。大屏幕整体示意图如图 4-4 所示。

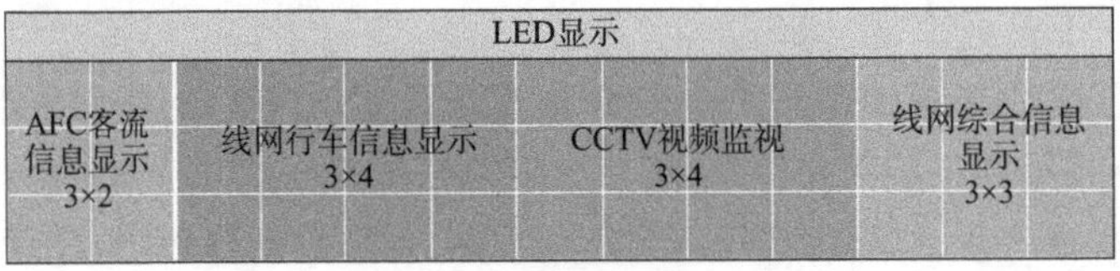

LED显示			
AFC客流信息显示 3×2	线网行车信息显示 3×4	CCTV视频监视 3×4	线网综合信息显示 3×3

图 4-4　大屏幕整体示意图

第二节　附属系统

一、线网通信系统构成

线网通信系统包括线网视频监控、线网广播、线网调度电话、线网 PIS 文字信息发布等,COCC 线网监控及应用系统与线网通信系统存在内部接口,并实现与线网通信系统的界面集成,具体包括如下内容:

(1)线网视频监控系统能向线网指挥中心提供所有线路的车站和在线列车的全部摄像头视频信息,具备实时视频监控、实时录像等功能,是指挥控制系统进行全线网实时监控、协调管理和安全管理的一种常用而直观的手段。

(2)线网广播系统能向线网指挥中心提供所有线路的车站和在线列车的全部区域进行语音广播,可以在日常运营和紧急情况下播放通告信息。

(3)线网调度电话系统是为线网指挥中心调度人员指挥各线路中心调度人

员、应急会商系统应急值守人员提供手段的专用通信系统,要求迅速、直达,与运营无关的其他用户不允许接入该系统。应急会商系统的应急值守人员、线网指挥中心各调度员可对本系统的用户进行单呼、组呼、全呼、紧急呼叫,可对通话进行录音。

(4)线网 PIS 文字信息发布系统能向线网指挥中心提供所有线路的车站和在线列车的全部区域进行 PIS 文字信息发布,可以在日常运营和紧急情况下发布通告信息和疏导信息。

二、网络安全系统构成

线网(应急)指挥平台应按信息安全等级第三级保护来设计。综合考虑物理层面、网络层面、系统层面、应用层面和管理层面的安全需求,确保 COCC 系统安全稳定运营。

网络信息安全系统组成包含硬件(防火墙、服务器)、软件(安全审计、入侵检测、漏洞扫描等)。其中,安全管理平台可与本系统网管系统整合共用。

网络安全系统在 COCC 平台部署工业安全网关、工业防火墙、网闸、防病毒系统、工作站安全系统、工业入侵检测系统、现场运维审计与管理系统、数据库审计系统、漏洞扫描系统、安全配置核查基线系统等。

在数据处理平台核心交换机和线网骨干网的汇聚交换机边界处,部署防火墙、防病毒网关、入侵检测设备;在数据处理平台核心交换机与外网门户交换机边界处部署网闸;外网门户交换机与互联网接口边界处部署硬件防火墙、入侵检测设备,用于 COCC 系统内几个重要边界的网络隔离。

(1)通过部署工业安全网关可以控制外部网络对生产系统的访问,严格执行白名单机制,实现保护。

(2)通过部署防病毒系统,对主机进行病毒防范。

(3)通过部署工作站安全系统对主机的进程、软件、流量、U 盘使用的进行监控,防范主机非法访问网络其他节点。

(4)通过部署工业入侵检测系统监控网络异常行为。

(5)通过在核心交换机旁路部署 4A 堡垒机,并内置 4A 安全管理平台,用于实现单点登录、多种认证服务等功能。

(6)通过部署数据库审计系统,审计所有数据库操作,以安全策略为基础,实时对非法操作告警。

(7)通过部署漏洞扫描系统,扫描各工业控制设备的漏洞并监控。

(8)通过部署安全配置核查基线系统,核查安全域内所有主机基线,加强主机防护。

三、电源系统构成

电源系统用于为线网(应急)指挥平台各设备提供不间断电源(Uninterruptible Power Supply,UPS),电源系统需纳入线网监控及应用系统统一监控管理。

通常电源系统按一级负荷供电、两路独立的三相交流电源考虑,两路独立电源经低压电源配电箱切换装置后接入 UPS,经 UPS 输出分配给 COCC 平台各系统。UPS 设备负责输出纯净的交流电源,每套 UPS 各自配备 1 套蓄电池组,在交流电源停电时,蓄电池组为各子系统提供所需备用电源,满载情况下后备时间为 1h。以成都地铁 COCC 系统为例,电源系统设置情况如下:

(1)在崔家店主调度中心共设置 3 套在线式 UPS,其中 1 台 30kVA 用于大屏幕系统供电,2 台 120kVA 用于综合监控及应用系统和线网通信系统供电。在满载情况下后备时间为 1h。

(2)在新苗控制中心、世纪城控制中心 COCC 接入设备室内设置 1 套 30kVA 在线式 UPS,UPS 在满载情况下后备时间为 1h,电源系统用于为 COCC 接入平台内各设备供电。

(3)在世纪城控制中心复示系统设置 1 套 15kVA 在线式 UPS,UPS 在满载情况下后备时间为 1h,电源系统用于为复示系统的各设备供电。

四、其他系统

其他系统还包括网络管理系统、复示系统、外网门户系统以及测试及培训系统等。

1. 网络管理系统构成

网络管理系统用来配置、监视和控制整个系统网络及主要设备状态。网络管理系统主要设备包括网管交换机、网管服务器、网管工作站、打印机、便携式计算机及移动存储设备。

网络管理系统主要包括系统管理和网络安全管理两部分功能,包括管理服务器、管理软件以及管理工作站、打印机、便携式计算机等终端设备。网络管理系统配置专用网管服务器,用于安装管理平台软件,具体管理软件要求集成商按照管理软件功能部分开发实现。

第四章 城市轨道交通线网综合应急指挥系统架构与接口

2. 复示系统构成

复示系统一般设置在应急指挥室(如成都地铁 COCC 系统将复示系统设置在世纪城控制中心 B 栋一层),突发紧急情况下为领导决策层提供应急指挥和决策的场所和手段。

复示系统主要设备包括复示系统交换机、复示应急工作站、数据灾备服务器、磁带机、液晶拼接屏及控制器、无线平板操作终端等。

应急指挥室内设置应急指挥工作站,以实现 COCC 平台界面的复示;设置液晶拼接屏,显示与 COCC 调度大厅大屏幕系统和工作站相同的显示画面;配置无线平板操作终端,实现运行移动决策终端平台,线网平台画面的显示、调用以及对拼接屏的显示切换等功能,令整个复示系统具有更高的可操作性和便利性。

为满足信息系统安全等保三级的要求,COCC 须设置异地数据备份和容灾设施。如成都地铁 COCC 系统在世纪城控制中心机房内设置一台数据灾备服务器、一台磁带机,实现对崔家店 COCC 系统数据的异地备份。

3. 外网门户系统构成

外网门户系统平台分别于 COCC 数据处理平台和互联网相连,实现外网用户对线网生产数据的访问和获取。

外网门户平台在网络上通过网络安全系统的网闸设备与 COCC 数据处理平台进行数据过滤和隔离。在与互联网的边界处,通过网络安全系统的入侵防御、防火墙设备实现安全防范。

外网门户平台主要设备包括外网平台交换机和外部 WEB 服务器。

4. 测试及培训系统构成

测试及培训系统用于各新建线路各业务系统的接入测试和软件升级前的先行测试,实现对系统软件的功能开发、测试及培训功能,并能提供用户自行组态和数据点修改的开发、COCC 业务软件升级开发以及对业务人员的模拟培训。

测试及培训系统主要设备包括测试/培训系统交换机、测试/培训系统服务器(含监控测试服务器及业务流程测试服务器)、测试/培训工作站、打印机和测试仿真器。测试及培训系统交换机通过单模光缆与数据处理交换机连接,以便测试可访问数据中心的服务器,用以测试监控功能及业务流程。

测试及培训系统测试功能应具备用户开放性,其中监控测试功能可提供用户自行组态和数据点修改的开放功能,业务流程应面向用户开放编辑、重置等自定义的修改功能。

第三节 系统接口与信息传输

系统接口主要包括线路系统接口、线网生产系统接口、内部其他系统接口以及与城市应急系统接口等。

一、线路系统接口

1. 与线路信号系统接口

COCC 系统通过各条线路的信号系统获取列车的运行状态信息和信号设备状态信息,用以监视各线路相关运输服务的执行情况,分析信号系统相关设备故障对线网运营的影响,为各类统计分析和决策积累基础数据。

COCC 系统应负责完成与各线路信号系统之间的物理、功能、电磁兼容、软件协议、测试及安装等接口功能要求,为线路信号系统的实时数据和非实时数据(如统计数据)建立不同的传输机制,确保实时数据的实时性优先得以满足,避免非实时数据集中上传而造成实时数据的延迟或丢失。同时,系统应保证任何情况下都不得干扰线路信号系统的正常运营。系统与线路信号系统接口的基本技术要求如下。

(1)网络结构。图 4-5 为线路信号系统(Signaling,SIG)接入 COCC 平台的网络结构示意图,线路 SIG 接口设备通过专用接口服务器,与线网设备的数据服务器建立联系。

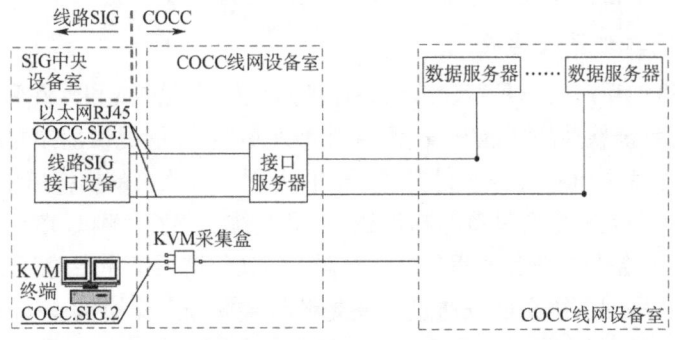

图 4-5 线路 SIG 接入 COCC 平台网络结构示意图

(2)接口功能要求。接口主要包括数据通信传输通道和建立 KVM 通道两项功能。以建立数据传输通道为例,COCC 按照设定的采样周期接收数据,SIG 将本线路集成互联的各子系统的数据信息根据 COCC 的接入标准处理并上传,见表 4-1。

第四章 城市轨道交通线网综合应急指挥系统架构与接口

COCC 与 SIG 接口功能表 表 4-1

编　号	功能要求	COCC	线路 SIG
COCC.SIG.1	SIG 和 COCC 之间建立数据通信传输通道	COCC 按照设定的采样周期自动接收各线上传的运营数据,用以监视各线对相关服务承诺的执行,并为各种统计分析、决策、规划积累基础数据	上传本线路各集成互联子系统的数据信息,负责对本线路方数据协议的转换
COCC.SIG.2	SIG 和 COCC 之间建立 KVM 通道	COCC 可通过 KVM 切换将线路 SIG 界面完全复示至 COCC	将本线路 SIG 的界面完全复示至 COCC,接收 COCC 的 KVM 切换指令

2. 与线路综合监控系统接口

COCC 系统通过线路综合监控系统获取各类弱电系统的运行状态信息和设备状态信息,用以分析弱电系统相关设备故障对线网运营的影响,为各类数据分析和决策积累基础数据。

COCC 系统应负责完成与各线路综合监控系统之间的物理、功能、电磁兼容、软件协议、测试及安装等接口功能要求。系统应为线路综合监控系统的实时数据和非实时数据(如统计数据)建立不同的传输机制,确保实时数据的实时性优先得以满足,避免非实时数据集中上传而造成实时数据的延迟或丢失。同时,系统还应综合考虑线路综合监控系统接入设备种类多样、型号多样、技术特性多样、数据总体规模巨大的特点,为不同的设备实时数据设置合理的实时性要求。COCC 与线路综合监控系统接口的基本技术要求如下。

(1)网络结构。图 4-6 为线路综合监控系统(Integrated Supervisory Control System,ISCS)接入 COCC 平台的网络结构示意图,线路 ISCS 接口设备通过专用接口服务器,与线网设备的数据服务器建立联系。

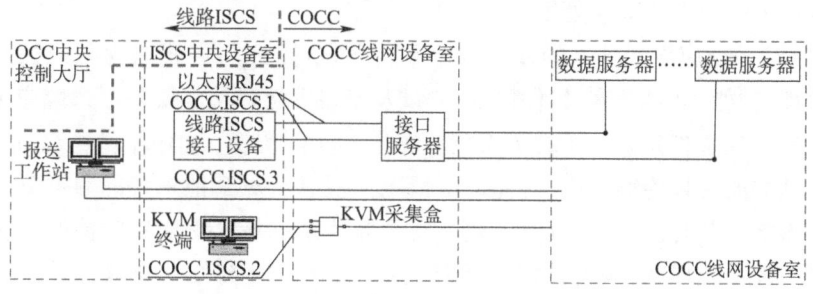

图 4-6　线路 ISCS 接入 COCC 平台网络结构示意图

(2)接口功能要求。接口主要包括数据通信传输通道、建立 KVM 通道和实现 ISCS 与 COCC 之间的信息报送三项功能。以建立数据传输通道为例,COCC 按照设定的采样周期接收数据,ISCS 将本线路集成互联的各专业的全部信息(包括实时数据和统计数据)根据 COCC 的接入标准处理并上传,同时接受并执行 COCC 下发的控制指令,见表4-2。

COCC 与 ISCS 通道功能表　　　　　　　　　　表 4-2

编号	功能要求	COCC	线路 ISCS
COCC.ISCS.1	ISCS 和 COCC 之间建立数据通信传输通道	COCC 按照设定的采样周期自动接收各线路上传的运营数据,用以监视各线对相关服务承诺的执行,并为各种统计分析、决策、规划积累基础数据	(1)上传本线路各集成互联子系统的全部数据信息,负责对本线路方数据协议的转换; (2)服务设施类、能耗类指标相关数据预处理; (3)接受 COCC 下发的指令
COCC.ISCS.2	ISCS 和 COCC 之间建立 KVM 通道	COCC 可通过 KVM 切换将线路 ISCS 界面完全复示至 COCC	将本线路 ISCS 的界面完全复示至 COCC,接收 COCC 的 KVM 切换指令
COCC.ISCS.3	实现 ISCS 和 COCC 之间的信息报送	通过报送终端,COCC 能与线路调度实现信息报送共享	向 COCC 报送运维管理所必需的信息,如日常的报告、报表、突发事件状况等

3. 与线路视频监控系统接口

COCC 通过线路视频系统获取实时视频信息,在突发事件应急状态下,视频信息是掌握车站现场态势的主要手段,有时甚至是唯一手段,目前视频信息可以覆盖车站出入口、电扶梯、站厅和司机立岗处等位置,个别线路具有区间视频监控设备。视频监控信息对应急指挥和组织救援具有不可或缺的作用,相应的录像文件更是后期开展事件调查和应急处置评价的重要依据。

COCC 系统应设置独立的线网视频平台,负责完成与各线路视频监控系统之间的物理、功能、电磁兼容、软件协议、测试及安装等接口功能要求。系统应根据各线路视频监控系统允许上传的最大视频路数和实际码流大小,合理规划网络带宽或建立独立的视频传输通道,避免极限情况下视频流对其他系统的数据流传输造成不利影响。同时,系统还应保证线路视频监控系统接入不成功时能及时恢复线路视频监控系统现状,满足不间断运营的要求。COCC 与线路视频监控系统接口的基本技术要求如下:

(1)网络结构。线路 CCTV 系统通常分为车站和线路控制中心两层架构。COCC 与其连接只在控制中心级,即 COCC 与线路 CCTV 在线路控制中心接口,接口界面如图 4-7 所示。

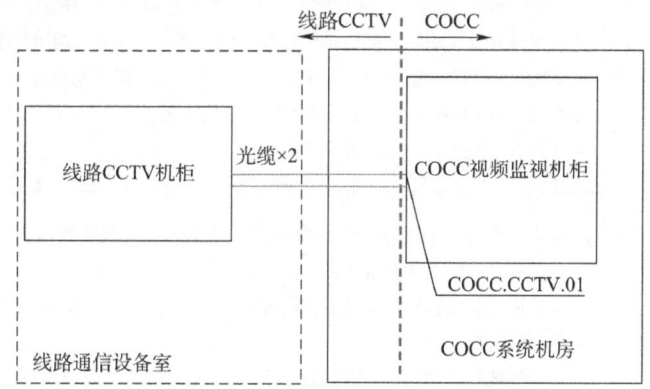

图 4-7 系统与视频监控系统接口

(2)接口功能。接口主要包括实时视频调看、录像视频调看、摄像机控制等功能,并满足相关的优先级和性能要求,见表 4-3。

COCC 与 CCTV 接口功能表 表 4-3

序号		功能需求描述
1	功能编号	COCC.CCTV.F01
	功能需求	在 COCC 提供人机界面,调看及控制各车站(含车辆段)、列车车载电视监视图像
	接口编号	COCC.CCTV.01
	COCC 实现功能	提供全线网任一电视监视摄像机选择的图形人机界面,接收来自线路视频图像后,完成对实时视频图像解码。 发送有关指令到 CCTV,提供全线网可控摄像机的控制[水平移动/垂直移动/画面缩放(PTZ)、焦距、光圈]指令
	CCTV 实现功能	接收及执行 COCC 的选择及控制指令,并控制摄像机响应命令[云台全方位移动、镜头变倍、变焦控制(Pan,Tilt,Zoom,PTZ)、焦距、光圈]。 线路侧能提供最大并发 16 路调用的视频监控数量。线路侧提供的视频图像编码算法必须符合相关本接口约定的编解码及封装标准
2	功能编号	COCC.CCTV.F02
	功能需求	COCC 从各线路调看任意摄像机视频录像
	接口编号	COCC.CCTV.01

续上表

序号		功能需求描述
2	COCC 实现功能	提供人机界面,实现 COCC 对线路方的图像查询/检索、图像选择、图像下载、图像回放控制以及图像解码显示的整个过程。最大并发 4 路调用的图像数量。 COCC 各控制终端、大屏幕上调看过的图像,保存在本地存储设备中,能进行录像回放。COCC 可任选单条线路专用视频监视系统中车站/车辆段/停车场的 4 路视频录像信号进行录像回放和下载
	CCTV 实现功能	接收及执行 COCC 的录像选择指令,发送 COCC 所需的数据。线路侧提供的视频图像编解码算法必须符合相关本接口约定的编解码及封装标准。 录像检索功能:可根据时间范围(精确到秒)、车站编号、摄像机位置(编号)检索录像存储状况; 录像播放及控制功能:支持自定义开始及结束时间播放录像,支持鼠标拉拽滚动条的方式进行跳跃播放,支持录像的播放暂停、恢复和停止功能; 录像下载功能:支持可任意定义时间范围的录像下载功能
3	功能编号	COCC.CCTV.F03
	功能需求	控制优先权
	接口编号	COCC.CCTV.01
	COCC 实现功能	当摄像机在使用中的状态时,应拒绝其他比 COCC 优先权低的控制指令
	CCTV 实现功能	当 COCC 使用摄像机时,应拒绝其他优先权低的控制指令。如 COCC 的控制权限被更高权限指令抢夺,CCTV 应通知 COCC
4	功能编号	COCC.CCTV.F06
	功能需求	COCC 控制指令的性能要求
	接口编号	COCC.CCTV.P01
	COCC 实现功能	确保系统内图像的切换延时小于 2s,图像视频编解码延时小于 500ms(自进入线网防火墙起,增加的延时不大于 200ms),云台控制响延时小于 200ms。 操作员在人机界面上发出控制指令需在 300ms 内传送到与 CCTV 的接口。在接口收到图像信息后,需在 100ms 内显示有关图像
	CCTV 实现功能	在接口收到控制指令后,指令如摄像机选择、顺序控制程序等需在 400ms 内将数据发送至接口,指令如 PTZ、焦距、光圈控制等需在 250ms 内完成

(3)接口协议。COCC 与线路 CCTV 获取的实时视频流、录像视频流应为同一路视频流,包括编码方式、封装等完全一致。

线路 CCTV 提供的视频图像编码算法必须符合相关标准,负责在线路侧叠加表示线号信息的字符,提供给 COCC 数字视频信号之前至多只能有 1 次编码。COCC 接收来自线路视频图像后,完成对实时视频图像解码。

本接口的详细接口协议推荐采用《公共安全视频监控联网系统信息传输、交换、控制技术要求》(GB/T 28181—2016)执行。

二、线网生产系统接口

1. 清分系统接口

COCC 通过 ACC 获取线网客流信息、历史统计信息和精细化分析信息,根据需求生成线网客流分布形态,进行短期或中期线网客流分布形态变化预测。线网客流分布形态是线网运营模式调整和应急准备工作的重要基础,对线网历史客流的统计和精细化分析是优化线网运营模式的重要参考。

COCC 应负责完成与 ACC 之间的物理、功能、电磁兼容、软件协议、测试及安装等接口功能要求。系统应为 ACC 的实时数据和非实时数据(如统计数据)建立不同的传输机制,确保实时数据的实时性优先得以满足,避免非实时数据集中上传而造成实时数据的延迟或丢失。同时,系统还应为 ACC 的敏感数据(如有)设置必要的加密传输机制。

COCC 与 ACC 接口的基本技术要求如下。

(1)网络结构。图 4-8 为 ACC 接入 COCC 平台的网络结构示意图,ACC 接口设备通过专用接口服务器,与线网设备的数据服务器建立联系。

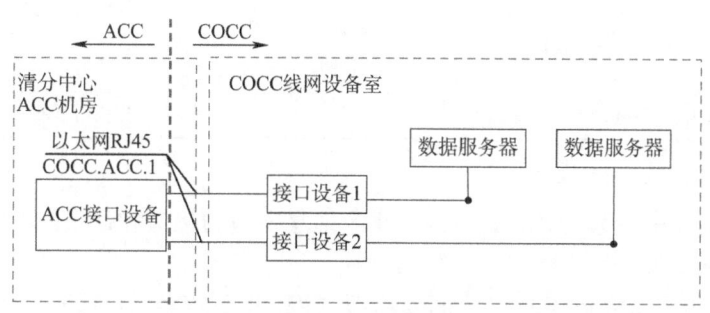

图 4-8　ACC 接入 COCC 平台网络结构示意图

(2)接口功能。接口主要包括各线路实时客流量监视、大客流报警、线网客流精细化分析及预测报警、历史客流统计 4 项功能。各类客流数据和报警数据均由 ACC 提供给 COCC,见表 4-4。

COCC 与 ACC 系统接口功能表 表4-4

编　号	功能要求	COCC	ACC
COCC.ACC.F01	系统监视各线客流量	(1)某个站或某条线的进/出站客流量达到限定值报警功能(可人工设定预警值,达到预警值自动报警); (2)当某个站或某条线的进/出站客流量超出报警值时在大屏及调度工作站中自动定位到该站或该线路	提供清分后客流数据
COCC.ACC.F02	大客流报警	(1)人工根据突发事件、行车故障等情况发布线路运营状态,用颜色及图标标示; (2)能够根据列车实际运行、客流、车辆状态实现线路拥挤程度计算,并用不同颜色进行显示; (3)根据历史断面客流及预计断面客流、列车运行计划实现客流拥挤程度预测等功能	(1)历史断面客流/换乘客流; (2)提供全线网各车站的乘客 OD 数据
COCC.ACC.F03	线网客流精细化分析及预测预警,包括拥挤程度显示及预测	提供展示的历史数据显示条件,预留大屏幕显示功能;实现客流基础数据的处理和关键数据存储	提供所需的历史客流信息
COCC.ACC.F04	历史客流统计功能		提供所需的历史客流信息

2. 线网编播中心接口

线网编播中心为 COCC 提供全网 PIS 信息发布的接口和通道,便于线网调度的应急信息发布。

COCC 应负责完成与 PCC 之间的物理、功能、电磁兼容、软件协议、测试及安装等接口功能要求。系统与 PCC 应综合考虑各线路 PIS 的技术特性以及线网调度的工作需求,共同设计长度合理、兼顾各线路 PIS 屏幕(包括车载 PIS 屏幕)显示的紧急信息格式。

COCC 与 PCC 接口的基本技术要求如下:

第四章　城市轨道交通线网综合应急指挥系统架构与接口

（1）网络结构。图4-9为PCC接入COCC平台的网络结构示意图，PCC接口设备通过专用接口服务器，与线网设备的数据服务器建立联系。

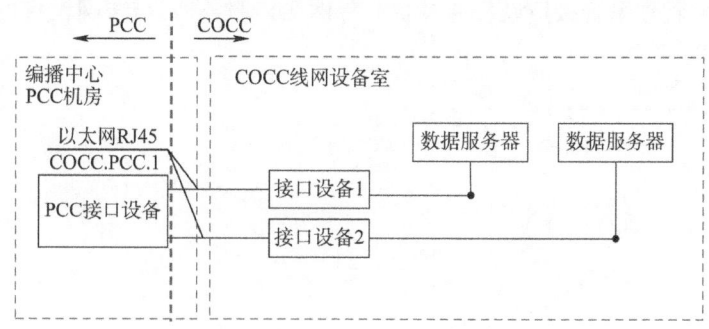

图4-9　PCC接入COCC平台网络结构示意图

（2）接口功能。接口主要包括COCC向PCC发布和解除线网级紧急信息的功能，见表4-5。

COCC与PCC系统接口功能表　　　表4-5

编号	功能要求	COCC	PCC
COCC.PCC.F01	COCC向PCC发布线网级紧急信息	（1）通过COCC人机界面发布线网紧急信息；（2）通过COCC人机界面解除已发布的线网紧急信息	接收COCC发布或解除的线网紧急信息，负责车站和车载播出画面的合成、播放控制和车站/车载终端显示等功能

三、内部其他系统接口

1. 施工调度管理系统接口

COCC通过施工调度管理系统获取线路、车站、车辆段和停车场及其他区域的施工计划和施工实际信息，尤其是运营时段内的紧急施工信息，例如施工区段、施工时间和施工状态等，作为调整线网运营模式、预测线网客流分布形态以及过滤无效报警信息的重要参考信息。

施工调度管理系统通过COCC获取线路运营状态信息、接触网带电信息等状态信息，作为现场施工作业人员安全保障的重要参考，防止出现列车撞人、撞物，人员触电等事故。

COCC应负责完成与施工调度管理系统之间的物理、功能、电磁兼容、软件协议、测试及安装等接口功能要求。

COCC 与施工调度管理系统接口的基本技术要求如下。

(1) 网络结构。图 4-10 为施工调度管理系统接入 COCC 平台的网络结构示意图，施工调度管理系统接口设备通过企业专网接口服务器，与线网设备的外部系统服务器建立联系。

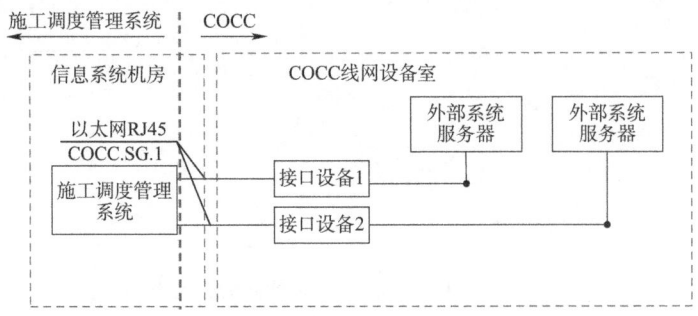

图 4-10　施工调度管理系统接入 COCC 平台网络结构示意图

(2) 接口功能。接口主要包括 COCC 与施工调度管理系统之间建立数据通信传输通道、交互信息的功能，见表 4-6。

COCC 与施工调度管理系统接口功能表　　表 4-6

编　号	功能要求	COCC	施工调度管理系统
COCC.SG.1	施工调度管理系统和 COCC 之间建立数据通信传输通道	向施工调度管理系统提供线路运营状态信息、接触网带电信息；接收施工调度管理系统施工调度相关信息	接收线路运营状态信息、接触网带电信息；提供施工调度相关信息

2. 维修管理系统接口

COCC 通过维修管理系统获取各线路、车站、车辆段/停车场及其他区域的设施设备维修计划和维修实绩信息（尤其是运营时段内涉及正线运营的紧急维修信息），例如维修所涉及的区段、时间和状态等，作为调整线网运营模式、预测线网客流分布形态以及过滤无效报警信息的重要参考信息。

COCC 应负责完成与维修管理系统之间的物理、功能、电磁兼容、软件协议、测试及安装等接口功能要求。COCC 与维修管理系统接口的基本技术要求如下。

(1) 网络结构。图 4-11 为维修管理系统接入 COCC 平台的网络结构示意图，维修管理系统接口设备通过企业专网接口服务器，与线网设备的外部系统服务器建立联系。

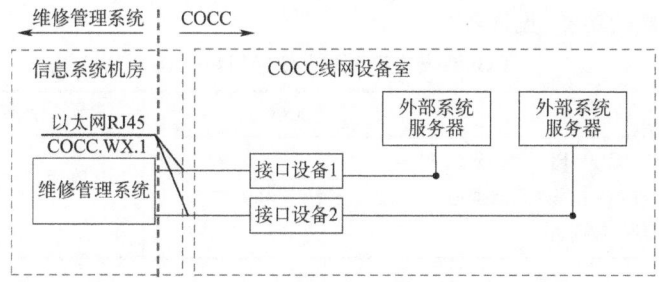

图4-11 维修管理系统接入COCC平台网络结构示意图

(2)接口功能。接口主要包括COCC与维修管理系统之间建立数据通信传输通道、交互信息的功能,见表4-7。

COCC与维修管理系统接口功能表　　　　　表4-7

编　号	功能要求	COCC	维修管理系统
COCC.WX.1	维修管理系统和COCC之间建立数据通信传输通道	接收维修管理系统上传的设备设施维修类相关信息	提供设备设施维修类相关信息

3. 资产管理系统接口

COCC向资产管理系统统一提供线网各类运营生产活动的统计分析信息,包括设施设备类、信号及车辆类、供电类、乘客服务类等,作为轨道交通运营单位的运营生产评价和决策参考信息。

COCC应配合完成与资产管理系统之间的物理、功能、电磁兼容、软件协议、测试及安装等接口功能要求。COCC与资产管理系统接口的基本技术要求如下。

(1)网络结构。图4-12为资产管理系统接入COCC平台的网络结构示意图,资产管理系统接口设备通过企业专网接口服务器,与线网设备的外部系统服务器建立联系。

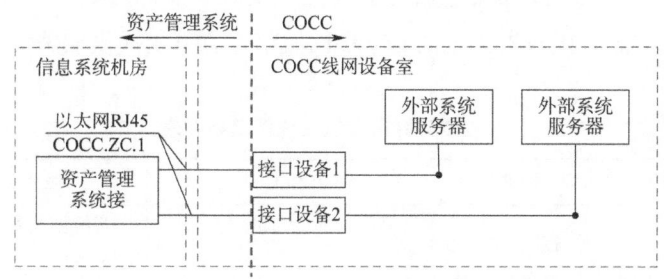

图4-12 资产管理系统接入COCC平台网络结构示意图

(2)接口功能。接口主要包括COCC与资产管理系统之间建立数据通信传输通道、交互信息的功能,见表4-8。

COCC与资产管理系统接口功能表　　　　　表4-8

编号	功能要求	COCC	资产管理系统
COCC.ZC.1	资产管理系统和COCC之间建立数据通信传输通道	提供运营生产相关数据	接收运营生产相关信息并展示

四、城市应急系统接口

城市轨道交通是城市的重要基础设施,也是城市应急管理的重要组成部分,城市轨道交通运营单位应遵照所在城市政府的要求,向城市相关应急系统提供城市轨道交通运营突发事件相关信息,例如事件的首报、续报和终报,以及对线网运营产生的整体影响等,作为城市应急管理的重要参考。

COCC应配合完成与城市应急系统之间的物理、功能、电磁兼容、软件协议、测试及安装等接口功能要求,相关要求如下。

(1)网络结构。图4-13为城市应急系统接入COCC平台的网络结构示意图,接口设备通过互联网接口服务器,与线网设备的外部系统服务器建立联系。

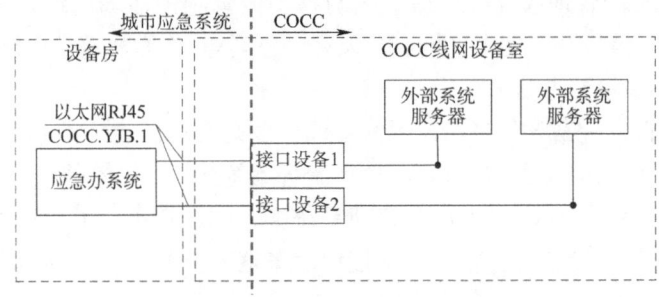

图4-13　城市应急系统接入COCC平台的网络结构示意图

(2)接口功能。接口主要包括COCC向城市应急系统提供相关信息的功能,见表4-9。

COCC与城市应急系统接口功能表　　　　　表4-9

编号	功能要求	COCC	城市应急系统
COCC.YJB.1	应急系统和COCC之间建立数据通信传输通道	提供对外发布的安全相关信息; 提供影响运营行车安全的信息(如火警)	将线网指挥平台提供的安全相关信息对外进行发布; 接收线网指挥平台提供的运营相关信息

第四章　城市轨道交通线网综合应急指挥系统架构与接口

第四节　本章小结

　　本章重点介绍了城市轨道交通线网综合应急指挥系统的整体架构,数据接入平台、数据处理平台和人机交互平台构成了系统主体,大屏幕系统是人机交互平台的一部分,这些系统完成了城市轨道交通线网综合应急指挥系统的主要应用功能。同时,介绍了线网通信系统、网络安全系统、电源系统等附属系统,共同完成城市轨道交通线网综合应急指挥系统的主要功能。此外,本章还介绍了系统的应用边界,以及与线路系统、线网生产系统、企业内部信息化系统以及城市应急系统的接口,对于系统设计和建设具有一定参考意义。

第五章 城市轨道交通线网综合应急指挥系统人机界面与使用

　　城市轨道交通线网综合应急指挥系统信息量非常庞杂，是紧急情况下供调度指挥人员使用的，与常规系统相比，时间有限是最重要的约束，以求便于使用和快速查找。因此，良好的人机界面设计对调度指挥和应急处置至关重要，过滤无用信息，整合有用信息，主动推送报警信息，才能真正发挥系统的应急指挥功能。本章主要讨论城市轨道交通线网综合应急指挥系统人机界面的设计原则、画面布局、操作流程、大屏幕、应急会商等，同时还探讨线网指挥中心的调度指挥体系、系统日常值守以及调度岗位职责等内容。

第五章　城市轨道交通线网综合应急指挥系统人机界面与使用

第一节　人机界面设计

线网指挥中心通常设有管理行车、设备和运营信息的调度岗位,负责日常调度指挥和突发事件应急处置,系统将满足这些岗位的功能要求。因此,系统人机界面应遵循人体工程学、画面友好、方便快捷、避免误操作等设计原则,具体包括以下内容:

(1)线网监控及应用系统提供基于人体工程学设计的控制台及具有良好人机画面(Human Machine Interface,HMI)的工作站。

(2)应用软件是开放的,可方便地修改数据库和 HMI 的图像及其背后的逻辑程序。应用软件支持由业主使用人员独立进行组态、画面编辑、与逻辑无关的程序修改、系统维护等操作,承包商欢迎业主使用的人员在工程开发、调试阶段介入相关的开发工作。

(3)系统提供一个图形管理软件来完成动态和静态画面、运行情况摘要、大屏幕系统信息的生成、新建与修改。此软件允许在线生成和修改画面。当用户完成对画面的修改时,该修改的画面可下载到运行系统。

(4)线网监控及应用系统工作站应具有友好的、方便用户的、有效的和清晰的图形用户界面,采用图像、文字、数字、图表等进行静态及动态显示。

(5)操作员与系统的交互对话应通过采用窗口、菜单、图标、按钮、文字输入等,经鼠标/跟踪球、触屏输入以及键盘等完成。

(6)系统提供以图形方式或文字信息格式的报警,并具有操作员确认功能。

(7)操作员可透过人机界面实时监控各车站的机电及通信设备,人机界面可提供历史数据显示功能。

(8)用户界面汉字化显示,打印机汉字化打印。

(9)人机界面的启动包含启动、注销、退出等内容。主画面应包括标题栏、工具条、消息栏、主显示区、画面菜单等部分。

一、色彩与文字显示

各操作员工作站应采用一套统一和使用友好的图形用户界面,让各操作员可借此更方便及有效率地操作及监控各系统。HMI 包含各类丰富工程图形的图形库,此图形库还可按用户的具体要求进行增加和优化。人机界面采用统一的图形用户界面,用层次化、生动丰富的界面,诸如动态界面、多层次界面等,将系统和各子系统接线图、总貌图、流程图、趋势图等显示出来。HMI根据人机工程学原理,采用字母、数字、字符、图表进行静态及动态显示,保证显示连贯、一致和清晰。

1. 色彩显示

人机界面的显示颜色保持一致性,如红色代表危险、黄色代表报警、绿色代表正常等。在事故或报警发生时,人机界面通过色彩的闪烁、声音提醒、联动推图等多种手段把发生的事情迅速通知给操作员,并提出相应的可选择性的处理建议和提示。

以设备状态显示为例,可以通过不同颜色显示设备的不同状态,可变外观项目主要包括设备状态颜色和相关动作。以PSCADA(Power SCADA,电力监控系统)和BAS为例,具体见表5-1。

设备状态信息显示　　　　　　　　　　　　　　表5-1

子系统	状态	颜色	动作
PSCADA	合闸	红	
	分闸	绿	
	未知状态	灰色	
	通信故障	蓝	
	母线(1500V)	带电红色,失电灰色	
BAS	运行	绿	风机叶片旋转动画
	停止	灰	
BAS	报警、故障	黄色	风机叶片保持对应的旋转动画
	故障	红色	影响设备运行的故障以及设备本身的通信中断
	未知状态、通信故障	蓝	

以报警信息显示为例,报警在实时报警中显示,用背景颜色来区分不同级别的报警。以组合空调故障为例,分别用红色、橙色和黄色表示从高到低的报警级别,见表5-2。

报警信息颜色显示　　　　　　　　　　　　　　表5-2

报警级别	颜　色
1级(高)	红色RGB(255:68:68),组合式空调KT-A故障
2级(中)	橙色RGB(255:147:68),组合式空调KT-A故障
3级(低)	黄色RGB(255:234:68),组合式空调KT-A故障

2. 文字显示

除设备标签等特殊需求外,在操作员工作站上出现的任何文字(包括信息、提

第五章　城市轨道交通线网综合应急指挥系统人机界面与使用

示、帮助、对象标识等)都采用汉字(简体中文)表示,并采用统一的国标字体。打印机支持汉字打印功能。对多步操作的每一步,人机界面都将通过文字信息来提供操作结果的反馈。

二、人机交互

人机交互是系统设计的一项重要内容,尤其是在突发事件应急处置过程中,便捷的人机交互能够节约人员操作时间,以便人员在最短时间内作出应急决策。人机交互设备主要包括鼠标、键盘以及语音等方式。

操作员与系统的交互对话通过鼠标以及键盘来完成。控制命令的输入可以用鼠标单独完成。对于图形显示的任何对象,都可以通过点击鼠标选择设备调出相应的设备窗口,窗口中的内容包括该设备相关的动态和静态信息,如描述、标识、状态以及保存在数据库中的数据信息。为提高操作效率,完成一次操作连续点击控制点图标的次数通常不应超过 5 次。

为保障人机交互安全,当操作员需要做出控制动作时,大部分动作需要执行预检,系统将要求操作员确认他要执行的命令。确认窗口包括以下部分:

(1)标题:提醒操作员信息的目的。

(2)确认区域:提醒操作员此动作的细节,例如要执行的操作、设备名称等。

(3)"是"按钮:执行控制,并关闭窗口。

(4)"否"按钮:取消控制,并关闭窗口。

另外,人机界面安全性要求是设计的重要环节。在进入、退出系统以及关键的控制操作,人机界面均进行必要的权限检查和确认提示,以确保操作的安全性。在操作员暂时离开时,可将工作站暂时锁定,只显示相关界面,不能下发控制,以防止未授权的访问。处于锁定模式的操作员工作站屏幕上有明显的标记。根据操作人员不同的权限对应不同的功能界面,无权访问或无必要访问的功能和数据通过预先定义予以过滤。

第二节　人机界面规划

一、人机界面框架

人机界面从登录界面开始,登录后显示特定的画面,从而进行各项操作。

图 5-1 所示为人机界面的框架,包括设备、行车、客流的管理等。

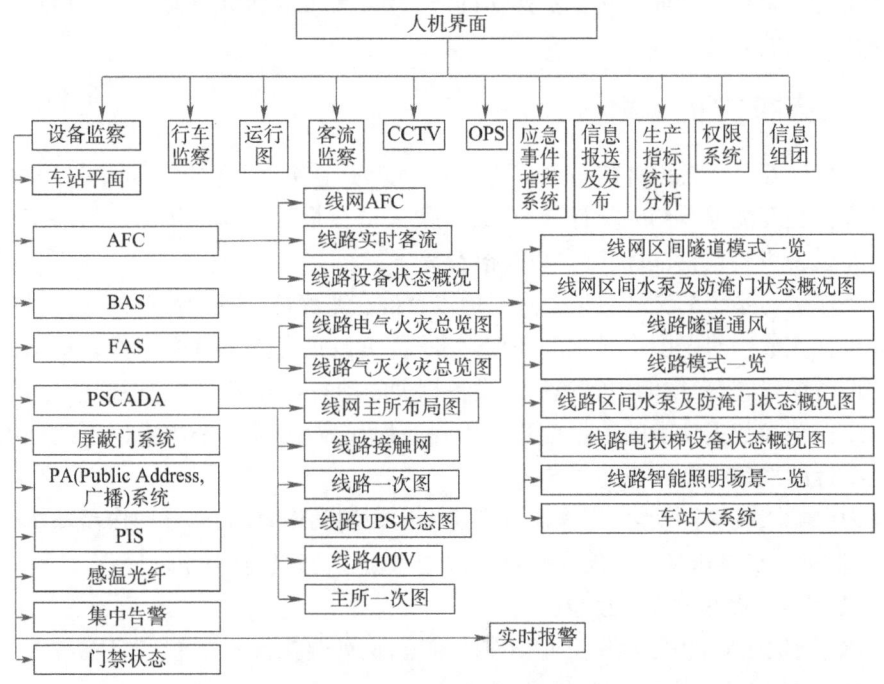

图 5-1 人机界面框架图

画面名称由英文字符、中文字符以及下划线组成。为使画面文件能够被更有效地管理,可以编制以下的命名规则,见表 5-3。

画面命名规则　　　　　　　　　　　　表 5-3

画面类型		画面名称
登录画面		COCC_Login
标题区域画面		COCC_Title
系统画面	车站画面	线路标识_车站标识_子系统标识_控制对象名称
	线路画面	线路标识_子系统标识_控制对象名称
	线网画面	线网标识_系统标识_控制对象名称

设备状态管理首先需要确定控制对象及对象名称,从而进行界面设计和布局。控制对象名称见表 5-4。

第五章 城市轨道交通线网综合应急指挥系统人机界面与使用

控制对象名称 表5-4

设备监察子系统		控制对象名称
车站平面		车站 ACC、BAS、AFC、FAS、CCTV 设备概况
AFC	线网 AFC	线网 AFC 状态
	线路实时客流	线路客流统计
	线路设备状态概况	线路自动售票系统设备状态
BAS	线网区间模式一览	线网区间隧道模式一览
	线网区间水泵防淹门状态概况图	线网区间水泵防淹门状态
	线路隧道通风系统	线路隧道风机、射流风机、
	线路模式一览	线路大、小、隧道模式一览
	线路水泵防淹门	线路区间水泵、防淹门
	线路电扶梯系统	线路电梯、自动扶梯
	车站大系统	组合式空调箱、回/排风机、防火阀、电动调节阀
	线路智能照明模式一览	线路智能照明模式一览
FAS	电气火灾	线路电气火灾报警一览
	气灭火灾	线路气灭火灾报警一览
PSCADA		断路器、隔离开关、接地开关手车、切换开关、变压器、电能统计
站台门系统		滑动门、应急门、端头门
PA 系统		广播
PIS		显示单元
感温光纤		感温光纤
ACS		门禁设备
集中告警		集中告警
实时报警		实时报警

在此基础上,需要对系统画面进行设计,同时对不同的用户进行权限分配,包括管理员级、维护级、操作员级和浏览级别。表5-5 列举了设备监察的主要画面与监视权分配,包括 AFC、BAS 等。需要注意的是,管理员级对所有设备监察系统画面都没有监视权;浏览级对设备监察系统画面具有监视权但没有控制权;操作员级

对所有设备监察系统画面都具有监视权和控制权。此外,为了防止误发广播和 PIS 紧急信息导致乘客的恐慌,维护级对 PA 和 PIS 监控画面以外的其他设备监察系统画面具有监视权。

监察画面列表及监视权分配表　　　　　表 5-5

系统名称	画面名称	操作员				浏览级	
		维修调度	总调度长	运营调度	设备总调	信息调度	浏览用户
车站平面	车站平面图(车站)		√	√	√	√	√
AFC	线网 AFC(线网)	√	√	√	√	√	√
	实时客流(线路)	√	√	√	√	√	√
	设备状态概况(线路)	√	√	√	√	√	√
BAS	线网区间隧道模式一览(线网)	√	√	√	√	√	√
	线网区间水泵及防淹门状态概括图(线网)	√	√	√	√	√	√
	隧道通风系统(线路)	√	√	√	√	√	√
	区间隧道模式(线路)	√	√	√	√	√	√
	模式一览(线路)	√	√	√	√	√	√
	水泵防淹门(线路)	√	√	√	√	√	√
	电扶梯系统(线路)	√	√	√	√	√	√
	车站大系统(车站)	√	√	√	√	√	√
	智能照明模式一览(线路)	√	√	√	√	√	√
FAS	电气火灾(线路)	√	√	√	√	√	√
	气灭火灾(线路)	√	√	√	√	√	√
PSD(Platform Screen Doors,站台门)	站台门监视图(线网)	√	√	√	√	√	√
PA	PA 监控(线路)		√	√	√	√	√
PIS	PIS 监控(线路)		√	√	√	√	√
TFDS(Tunnel Fire Detection System,隧道火灾探测系统)	感温探测监视图(线路)	√	√	√	√	√	√
PSCADA	全网主所布局图(线网)	√	√	√	√	√	√
	主所一次图(主所)	√	√	√	√	√	√

续上表

系统名称	画面名称	操作员				浏览级	
		维修调度	总调度长	运营调度	设备总调	信息调度	浏览用户
PSCADA	一次图(线路)	√	√	√	√	√	√
	接触网(线路)	√	√	√	√	√	√
	电能统计(线路)	√	√	√	√	√	√
	UPS(线路)	√	√	√	√	√	√
	400V(线路)	√	√	√	√	√	√
ACS	门禁设备总览图(线路)	√	√	√	√	√	√
集中告警	集中告警	√	√	√	√	√	√
实时报警	实时报警	√	√	√	√	√	√

二、人机界面布局

1. 界面总体布局

界面从上至下由标题栏、线路选择、主监控区域及左侧功能菜单4个部分组成，如图5-2所示。

图5-2 界面总体布局示意图

2. 标题栏布局

标题栏位于画面的最上方及左侧部分，包括以下几个部分：

（1）标题栏左侧上方显示logo，顶部正上方显示系统时间，右侧为快捷按钮，从左到右分别为锁定、注销、打印、帮助、安全管理。

（2）中间部分包括系统切换按钮及报警信息，可通过点击系统切换按钮切换不同的系统。

（3）右侧部分为报警信息，显示线网报警总数及未确认报警总数。

（4）左侧为设备监察中各子系统选择按钮。

（5）画面切换按钮下方是线网线路选择按钮，可以点击该按钮进行线网线路切换。

3. 主监控区域

主监控区域区包括画面内容，位于屏幕中央，占据了监控屏幕约80%的部分。画面标题位于画面内容左侧上方，说明了当前画面主题，画面内容可以是子系统工艺流程、设备状态和信息、列表、趋势、图表等。根据选择的画面，该区域呈现不同的视图。

4. 设备属性窗

设备属性窗口主要显示静态信息、动态信息、控制功能等内容。以主变电所一次图为例，在画面上单击设备，就会弹出该设备的属性窗，显示设备信息、实时状态和控制操作等信息和操作窗口，如图5-3所示。

设备的静态信息包括设备名称、设备代码和安装地点。设备控制功能包括对设备操作场所的显示、设备的控制操作以及参数设定，不同的设备有不同的设备信息、工作方式、操作方式等，设备类型与设备属性窗种类一一对应。在进行任何设备操作时，如停止设备运行之前，系统会出现弹出框"确定要进行操作吗？"，提示用户是否确定要进行设备操作，当用户选择"是"时，系统才会对该设备进行操作。

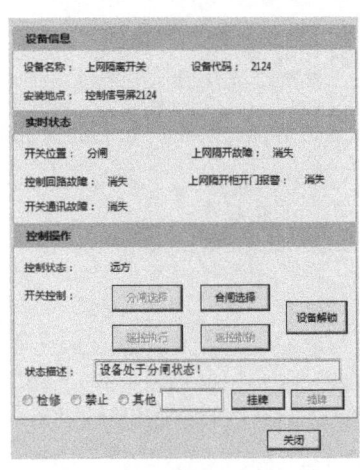

图5-3 设备属性窗的显示页

三、应急管理界面

应急管理界面主要包括应急预案管理、预警信息推送、应急GIS地图、应急演练管理等。

1. 应急预案管理

应急预案管理页面显示各类专项应急预案以及相应的现场处置方案，可通过

第五章　城市轨道交通线网综合应急指挥系统人机界面与使用

点击预案进行组团信息配置、报警倒计时配置,以及联动场景配置。通过勾选通报信息,可以进行应急预案的一键发布。

应急预案管理功能主要包括应急预案模板管理、应急预案编制、应急预案评审、应急预案演练评估,可以实现对城市轨道交通突发事件应急预案的管理、对应急预案的结构化管理和快速查询、对应急演习方案的存储和管理,方便对预案的查询、调用、触发、学习和掌握。

数字化预案处置过程划分为多个应急处置步骤,各处置步骤包含若干应急处置要点,应急处置要点即为处置人员需要执行的具体操作,包括系统功能操作和信息通报操作。系统功能操作类的要点,一般情况下,传递突发事件本身的属性信息即可,如:设备监察,根据事件发生的地点、事件类别即可调出线网综合监控的具体专业的监视画面;CCTV监视,根据事件发生的地点即可调出可用的视频监控监视画面。

为了事件处置人员能够快速完成预案处置要点的操作内容,系统允许用户为处置要点设置联动项,以便用户在应急事件的处置过程中快捷启动功能。应急处置要点一般分为指挥中心、线路OCC、车站和列车,包括各层级、各应急工作人员关注的信息内容和采取的应急措施等,操作要点应定义确认完成的层级和流程,并根据需要对处置要点设定时限。

另外,用户可以通过操作应急预案评审管理界面,对预案进行评审,以确定预案是否可发布,只有最终通过评审并发布的预案才能够用于突发事件处置执行。需要组织专家领导开展评审工作,并对评审的整个过程进行循环管理;通过数字化预案审批机制,保证预案的先进性、科学性、高效性,提高应急的快速响应能力。其中,评审方式包括如下几种:

(1)审批流程配置。建立预案的审批环节、审批人、审批流转的全审批流程,用户还可以可对审批环节、审批人、审批流转过程进行记录,用于信息查看。

(2)预案审批管理管理。用户可通过对预案添加审批记录、审批意见功能,用于信息查看。

(3)预案修订管理。根据审批的结果,对预案的结构化信息进行调整,要求能够记录修订原因以及修订版本,修订原因可以使用演练评估结果作为输入,对于需要修订的预案,可调出预案修订界面,调度员可通过该界面对预案相关信息进行修订。

(4)预案发布。对通过审批的结构化预案进行发布,只有发布了的预案才能在突发事件处置时启动。对于审批合格的预案,用户可通过界面对预案进行发布,从而使该预案可用于突发事件处置。

2. 预警信息推送

预警信息推送主要是对获取的设备系统、突发客流、自然灾害等进行告警，并在GIS地图上进行显示，通过声光报警等信息提醒应急值守人员。线网综合预警管理包括采集内部系统告警和接收外部系统预警，根据预警事态判断预警等级及报批，决定预警是否需要发布或解除，报送审批通过后，可以启动相应的预警响应处置，自动匹配应急预案，此外，还可根据事态变化进行预警变更。预警信息显示界面如图5-4所示，页面左侧展示了待处理以及已经处理的预警信息，右侧展示了预警历史记录。

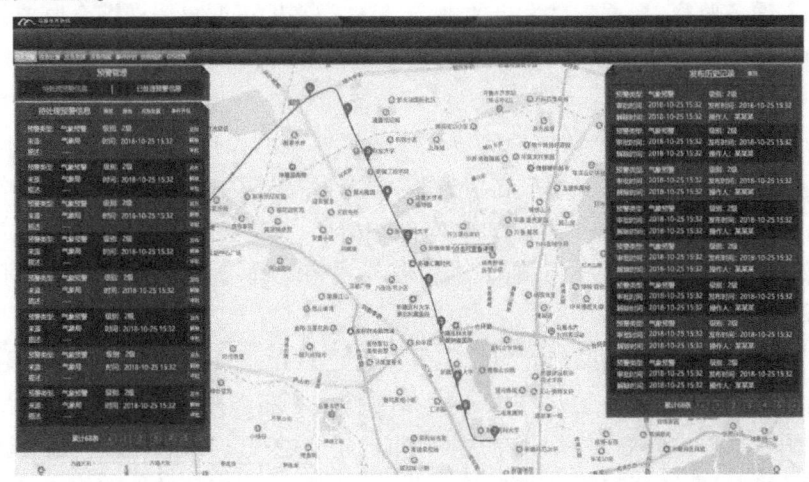

图5-4　应急预警信息显示界面

3. 应急GIS地图

应急GIS地图可以精准定位故障点周边的应急物资点以及现场处置人员，利用地理图像信息展示出线网中各线路沿线及车站出入口附近的医疗救援、抢险及疏散设施，如医院、消防局（消防支队）、公安局（派出所）、大型枢纽车站、大型停车场、出租汽车上落点、公共汽车站、火车站、机场等，掌握线网范围内的上述关键基础设施的空间分布情况和与城市轨道交通线网的位置关系。上述信息可以在线网指挥平台大屏幕和各调度终端、应急指挥终端等人机界面上进行显示，便于在紧急情况下快速指挥救援和疏散。结合移动端GPS定位信息，可以展示人员、物资的实时位置和移动路线轨迹。

通过对换乘站及区间的画面进行预录制和存储，可实现对换乘站内及出入口

第五章 城市轨道交通线网综合应急指挥系统人机界面与使用

的全景展示,在区间画面播放时能够将视频画面与区间里程及区间内关键设施(如里程碑、信号设备、联络通道、区间风井、区间变电所、区间风机房、最低坡度、曲线段、防淹门、人防门等)进行关联和对应,便于在紧急情况下掌握换乘站及区间内的建筑及设备特征,为组织疏散和救援提供画面支持。

4. 应急演练管理

应急演练管理可以进行演练需求审批,演练过程中,系统还可以记录各岗位预案处置过程数据,在演练结束后进行评估,预案分析人员对参与人员的处置流程及预案合理性进行分析。通过对预案演练的过程进行评估,最后得出对预案的总体评价,列出存在的问题。系统能够根据演练过程,生成演练评估报告,可将演练评估结果作为预案修订的输入。

系统可以将以下内容编入或链接到突发事件评估报告中,包括突发事件基本信息、现场视频监控录像/截图、线网基础图纸资料(线路/车站)、其他应急辅助决策信息、事件现场 GIS 应急专题地图、处置过程中的经验教训总结等。同时,系统支持预定义报告模板管理,支持按选定模板生成初步评估报告。

第三节 操作流程

启动登录:通过系统的登录图标启动系统后,出现登录界面。

一级界面(主界面):成功登录后,则进入 COCC 系统主界面,主界面中的主监控区域中打开的画面将根据调度人员的岗位来进行分别设置。

二级界面(系统界面):通过主界面上方标题栏的系统按钮,可进入不同的系统界面。

三级界面(设备监察各子系统界面):通过主界面左侧标题栏的功能按钮,可进入不同的设备监察各子系统界面。界面上共有 12 个子系统,分别是车站平面(可选择不同车站)、AFC(包括线网 AFC、实时客流及设备状态概况)、BAS[包括线网区间隧道模式一览、线网区间水泵及防淹门状态概况图、隧道通风、区间隧道模式、模式一览、水泵防淹门、电扶梯、大系统(可选择车站)及智能照明场景一览]、FAS(包括电气火灾等)、PSCADA(包括线网主所布局图、主所一次图、线路一次图、接触网、UPS 及 400V)、站台门系统、PA 系统、PIS、感温光纤、门禁状态、集中告警及实时报警等。

四级界面(操作属性框、属性配置框等):通过点击系统的设备或功能界面的按钮，可进入不同的设备操作属性框或功能属性配置框等。

五级界面（操作确认框、提示框等）：在设备操作属性框或功能属性配置框进行设备或功能操作后，画面会弹出操作确认框、提示框等，对操作人员的操作再次进行确认或者作出错误提示等。

第四节　大屏幕

大屏幕分布式控制系统支持按照不同的显示区域将整个大屏幕显示墙划分为一个（或多个）逻辑区域进行显示，不同业务区域的线网指挥中心调度人员可以独立地在相应业务模块显示区域进行管理及控制操作，并实现各屏幕单元灵活调用、图像拖动显示、任意位置开窗显示等功能，显示 GIS 高清画面时应能够快速移动及缩放，无拖影。

分布式控制系统支持各图像信号源以单屏为单位实现全屏、开窗、漫游、叠加等多种显示功能的实现。大屏幕系统支持可视化功能，可以显示按照大屏幕显示墙物理分辨率设置的超高清可视化图像，且每秒刷新率不低于 5 帧。分布式控制系统能接受可视化系统的控制指令进行大屏幕显示画面的切换。大屏幕系统具备抓屏功能（KVM 或者抓屏节点），线网指挥中心人员可按工作要求抓取各线路 OCC 的相关业务显示画面。

大屏幕系统屏幕墙按使用 DLP 显示单元进行拼接，大屏幕显示信息区功能按整体进行设计，可以划分为线网客流信息显示、全线网行车信息显示图显示、视频监视显示、线网电力信息显示等基本区域。大屏幕监控画面包括不限于以下几类：

（1）线网整体布局图：以城市地图画面为背景显示线网各线路走向、站点布局、换乘站分布、站点附近关键建筑（医院、公安局、消防局等）和关键地点（大型枢纽车站、停车场、火车站、出租汽车上客点等）的位置、地铁应急处置资源（救援设备、应急物资、应急救援队伍、应急设备等）的位置等信息。支持调度员在线网整体布局图上对相应信息进行搜索及定位。在线网整体布局图基础上显示跨线路的同专业汇总信息画面（如各线行车信息画面）。

（2）线网电力主所分布图、线网供电范围分布图（含变压器负荷、出线电压、电流等信息）。

（3）线网各站客流信息及线网拥堵情况分布图。支持在线网整体布局图上的对专业和线路的组合选择显示。

(4) 在线网整体布局图基础上显示跨线设施系统监控画面,如线网换乘站分布图(含进/出站客流信息)、线网能耗及环境参数对比图。

(5) 车站设施布局画面,如显示扶梯、闸机、CCTV 监控点、屏蔽门、环境参数的典型车站布局图;显示出入口、换乘通道、步梯、扶梯、电梯、闸机、CCTV 监控点、屏蔽门、环境参数的车站布局图。车站布局图支持平面显示、三维显示、视角控制、动画显示等功能。

(6) 全线 CCTV 视频监视画面。

(7) 必要时应能显示各线路各专业分类用户监视画面:如接触网系统图、主接线图、隧道通风系统图、行车线路图、车站大系统图等。

(8) 操作终端的用户画面。

(9) 系统设备运行与故障信息图表。

(10) 各线各站行车、客流及设备统计分析指标及图表。

(11) 各显示平面图支持无极缩放,换乘站平面图应支持三维图形显示及多角度展示功能,运行中的扶梯应具备上下行的动画显示功能。

大屏幕画面显示应采用地理图像显示方式从线网—线路—车站(含区间)—区域逐层细化显示内容的操作模式。

大屏幕显示画面应将线网关键节点信息进行整合,如主变电站、换乘站、联络线,以关键节点为主要元素显示线网整貌画面,可按地理布局图方式展示具体的单线元素(如车站、区间、场段等)的分布的画面及与线路相关的信息,如图 5-5 所示。

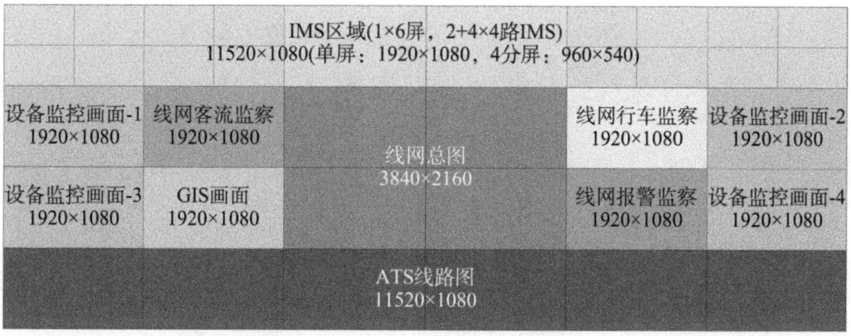

IMS区域(1×6屏,2+4×4路IMS) 11520×1080(单屏:1920×1080,4分屏:960×540)					
设备监控画面-1 1920×1080	线网客流监察 1920×1080	线网总图 3840×2160		线网行车监察 1920×1080	设备监控画面-2 1920×1080
设备监控画面-3 1920×1080	GIS画面 1920×1080	^^		线网报警监察 1920×1080	设备监控画面-4 1920×1080
ATS线路图 11520×1080						

图 5-5　系统大屏幕显示界面图

LED 显示区默认中部显示时钟信息,左右可显示欢迎词、天气情况、当天调度人员名单等辅助信息,其中,LED 显示信息可进行滚动显示或固定显示的设置,显示内容的增加、修改、删除等操作。

第五节 系统应用

一、调度指挥体系

围绕调度指挥体系确定系统应用规则,通常情况下,线网指挥中心可以设置总调度、运营调度、设备调度、信息调度等一级线网调度,并与线路 OCC 二级调度、生产部门三级调度共同构成调度体系,按照"集中领导、统一指挥、逐级负责"的原则开展线网运营指挥工作。以成都地铁为例,成都轨道交通调度指挥机构按照"分级管理、统一指挥"的原则设置,调度指挥机构分为三级,由上至下分别为线网级、线路级、现场级。

(1)第一层结构:线网指挥中心 COCC——轨道交通线网级指挥机构;

(2)第二层结构:线路控制中心 OCC——轨道交道线路级指挥机构;

(3)第三层结构:车站控制室、DCC、各生产中心调度室——轨道交通现场级指挥机构。

各指挥机构之间属从属关系,下级指挥机构须严格按照上级指挥机构指令执行。成都地铁线网调度指挥工作架构如图 5-6 所示。

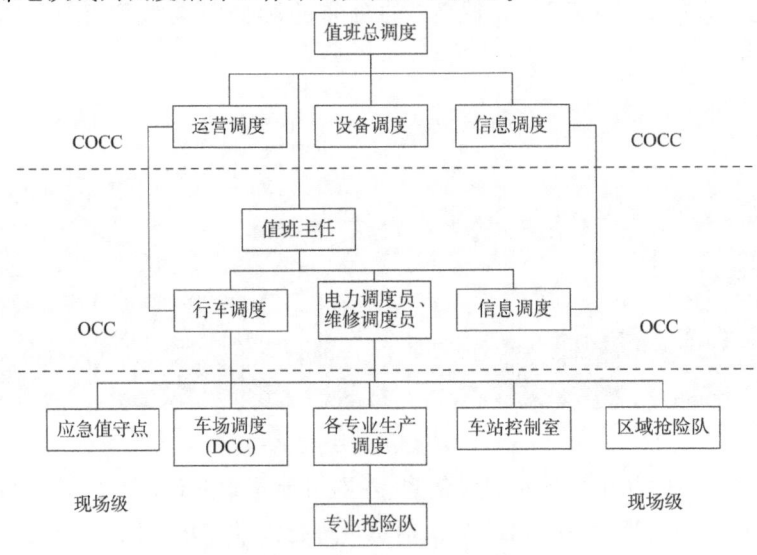

图 5-6 成都地铁线网调度指挥工作架构

第五章 城市轨道交通线网综合应急指挥系统人机界面与使用

线网指挥中心 COCC 通过融合行车/客流/设备等关键要素,对下监督协调生产系统,协调处置跨线的应急事件,并根据生产系统的反馈进行数据分析、提供决策支持。线网指挥中心不仅是对运营全程进行调度指挥和监控的中枢,还是线网的应急指挥中心、生产数据中心,以及对内对外的信息门户。

线路控制中心监控本线路所辖范围的车站环境、灾害、乘客、供电及车站主要设备的运行情况,当设备故障或灾害发生时,系统自动报警并提供列车位置、下达指挥中心的命令等,使各相关系统协调工作。

这种分散控制、集中管理的综合性指挥控制管理模式可以较好地满足轨道交通网络各层面的使用需求。在分层管理的指挥控制系统结构中,线网指挥中心的设置原则为只监不控[仅个别子系统可控制,包括 CCTV、PA、PIS(经 PCC)、共享主变电所的 PSCADA 等]。根据系统管理模式,系统采用三级管理、三级控制的运营与管理方式,采用分层分布式控制系统结构,整个系统可划分为线路控制中心、车站控制层和各系统自动化设备层,如图 5-7 所示。

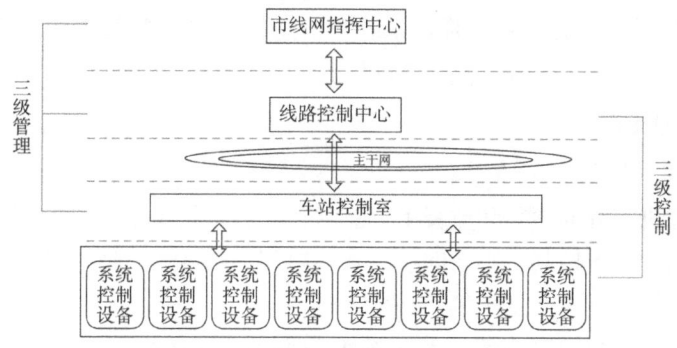

图 5-7 三级管理、三级控制的逻辑关系图

二、调度岗位及职责

调度岗位是线网综合应急指挥的关键岗位。目前,由于线网规模和管理模式的差异,线网层面调度岗位设置有一定差异,但是从整体职责来看差异不大。按照上一小节阐述的调度岗位设置,相关职责主要包括以下内容。

1. 值班总调度

值班总调度的岗位职责如下:

(1)在运营公司总经理的领导下,牵头做好安全生产组织的协调工作;

(2)根据运营事件的影响程度、波及范围、处置时间、客流压力等情况,及时下达协调决策和Ⅰ、Ⅱ级应急响应启动决策;

城市轨道交通线网综合应急指挥系统研究与实践

(3)负责制定、完善、落实班组的管理制度，使调度系统运行制度化和程序化，保证生产正常、有序地进行；

(4)负责监督运营调度、设备调度、信息调度的工作完成情况；

(5)负责应急情况下向市政府总值班室汇报；

(6)全面了解生产情况，有重大问题和安全隐患及时向有关领导和单位通报；

(7)负责线网运营信息发布前的最终审定，统一各调度对外报送信息口径；

(8)负责线网运营日报的最终审定和发布；

(9)负责COCC大厅的消防安全落实情况；

(10)完成上级交办的其他工作。

上述岗位职责中，以第(5)条为例，值班总调度负责应急情况下向市政府总值班室汇报，这是运营单位和政府应急联动的关键环节，对于能否实施及时、有效的应急处置至关重要。目前，很多轨道交通运营单位普遍采用办公电话、手机、微信或者工作群等方式进行联络，在应急情况下由于信息不对称很容易延误应急处置，甚至造成严重后果。通过应急管理系统对信息报告进行管理，既可以有效规范应急报告流程，还有助于回溯应急处置过程。

2. 运营调度

运营调度的岗位职责如下：

(1)在值班总调的领导和监督下，完成行车、客运相关生产任务和指标；

(2)组织协调各控制中心之间的工作，监督各控制中心日常工作完成情况；

(3)负责线网日常信息收集、填报工作；

(4)负责根据线网客流情况及时组织调整各线路运力，使线网运能尽可能与客流需求匹配，必要时采取网控措施缓解大客流；

(5)负责收集、记录、协调处理各线路影响较大的运营事件，跟踪处置进度，并在关键节点向值班总调度汇报；

(6)必要时向OCC提供决策辅助；

(7)完成领导交办的其他各项工作任务。

3. 设备调度

设备调度的岗位职责如下：

(1)在值班总调度的领导和监督下，完成日常电量统计和线网故障报表收集；

(2)负责监视线网各主变电所、35KV环网系统、各正线接触网等供电系统设备，以及各换乘站防灾、环控设备运行情况；

(3)负责协调共享主所运行方式调整、线网负载匹配和供电设备故障下的抢修协调;

(4)负责协调影响共享主所供电方式的施工;

(5)负责协调换乘站的火灾应急处置;

(6)应急情况下,负责线网 PIS 的发布;

(7)应急情况下,协助 OCC 调动抢险资源参与事件处置;

(8)必要时向 OCC 提供决策辅助;

(9)完成上级领导交办的其他工作。

4.线网信息调度

线网信息调度岗位职责如下:

(1)在值班总调度的领导和监督下,完成各项生产任务和指标;

(2)收集各 OCC 运营前检查情况,并通报运营调度;

(3)负责线网日常运营信息收集与发布;

(4)负责线网每日运营指标计算与统计;

(5)负责监控线网客流状态,了解已采取的客流控制措施;

(6)应急情况下负责 A、B 类信息报送、首末条微博的发布;

(7)与党群工作部做好沟通,协助党群监控舆情;

(8)负责协助值班总调完成《线网运营日报》的编制和发布工作;

(9)负责气象信息、防汛预警信息、地震预警信息的接收和发布;

(10)完成上级交办的其他工作。

以第(9)条为例,线网信息调度要负责气象信息、防汛预警信息、地震预警信息的接收和发布,通过线网应急管理系统,可以确保信息发布的及时、准确和可追溯,同时还可以有效跟踪预警信息的响应处置流程。相比来讲,仍采用传真、电话、群发短信或工作群等方式进行接收和发布重要预警信息,可能会造成对于不同预警信息的响应延迟,或无法得到及时的响应,而应急管理系统可以有效跟踪相应的应急预案规定并进行及时提醒和信息确认。

三、系统应用情况

突发事件应急处置过程中,线网综合应急指挥系统在应急预案关键环节卡控、信息发布、应急资源调度、应急人员和车辆定位、应急看板等环节可以实现信息的快速流转,提高应急处置的精准度和效率,这里重点介绍以下几项功能。

1. 内部信息发布

系统具备调取信息模板、人工编辑信息功能，通过信息发布平台子系统实现分组分类向运营公司各级管理人员、生产单位发布预警响应。突发事件Ⅳ、Ⅲ、Ⅱ级应急响应，抢险信息，线网行车调整，客流疏导等信息。

2. 内部快速联系

系统信息发布平台具备通过智能语音呼叫子系统向各OCC协调行车调整、客流控制、应急处置要求等，系统具备通过公务电话向集团总值班室、公司各级领导通报应急、客流、行车调整信息，系统通过应急看板可实现对各下属单位应急事件处置信息的查询、调取。

3. 线网乘客信息发布

综合应急指挥系统(信息发布平台)通过乘客信息子系统向线网车站发布PIS信息，告知乘客线网运营情况、故障抢修、抢险情况。

4. 应急救援队伍管理与调配

系统通过综合应急指挥系统(应急处置平台)查询应急预案管理子系统匹配应急预案及处置要点，指引应急处置流程；通过应急看板发布应急响应要求，及时推送应急响应要求，收集应急响应措施，跟踪各级管理人员、抢险人员动态，定位抢险人员到达情况，系统通过车辆定位子系统跟踪抢险车辆位置、运行情况等及路面交通状况。

5. 应急物资管理与调配

通过应急指挥系统物资管理子系统查询救援、抢险物资数量、位置及状态，调动就近物资支援事发现场。

6. 行车监控与调整

通过应急指挥系统行车监控子系统监控线网列车运行情况，要求各控制中心通过增加备用列车、抽线、多停、限速等行车调整措施调整运力。

7. 线网客流监控与预警

通过应急指挥系统CCTV及客流监视子系统监控重点车站及线网客流预警情况，根据客流监察系统预警情况，及时下达指令要求控制中心合理调整运力，组织车站采用客流控制措施。

8. 调度命令下达

在事故事件影响线网行车组织、客运组织、施工调整等情况时，通过应急指挥

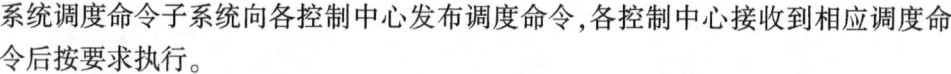
第五章 城市轨道交通线网综合应急指挥系统人机界面与使用

系统调度命令子系统向各控制中心发布调度命令,各控制中心接收到相应调度命令后按要求执行。

9. 抢险情况监控

通过应急指挥系统,实时监控掌握现场故障、抢险情况,有效为应急决策、行车调整做出支援。

10. 评估分析

事件结束后,通过对ATS、CCTV、录音回放调取及系统对运营影响如晚点、下线、越站、封站等运营指标统计进行分析;对公司应急管理、应急准备、应急响应的评估总结;调取应急评估报告模板编写事件评估报告。

第六节 本章小结

本章主要阐述了线网综合应急指挥系统的人机界面、操作流程、大屏幕以及日常值守等。线网综合应急指挥系统的人机界面包括线网级、线路级和车站级的可监控画面,载体主要包括工作站、综合显示屏、移动终端等。人机界面设计的主要原则是方便调度人员在紧急情况下快速获取相关信息以及发布有关命令,因此,对于信息查询、鼠标跟踪以及画面跳转界面的设计有很高的要求,同时还对色彩、文字、语音等报警信息显示有很高的设计要求,以便应急情况下提供精准、快速的预警信息和行动指引,界面布局、标题栏布局、主监控区域等都是界面设计的要点。

应急预案管理、预警信息推送、应急地图以及应急演练管理等是系统的重要功能,其界面设计对应急处置工作至关重要,包括数字化预案的快速查找和精准匹配以及应急过程中的关键要点跟踪,预警信息的快速推送和人员、物资等救援力量的定位、显示与远程调度等,都是实现快速、精确应急处置的关键支撑条件。另外,本章还讨论了系统的操作流程以及大屏幕设计等内容。

第六章 典型案例分析

应急情况下突发事件的处置以及平时的应急演练,是考验企业领导力以及员工、班组协同应急能力的重要场景,同时也是检验应急管理体系、应急预案、应急物资与装备以及协同应急指挥的必要手段。本章主要针对车站水淹、地震、车站和区间火灾以及列车脱轨等典型案例,通过应急演练或突发事件调查等方式,讨论突发事件的应急处置过程,以及线网综合应急指挥系统发挥的作用。

第六章 典型案例分析

第一节 水淹案例

一、事件概况

2021年某日,某综合应急指挥系统的动态数据监视平台显示,市气象局发布暴雨橙色预警信息。同时,主城区出现持续暴雨,与运营既有线车站换乘的某在建地铁车站附属基坑周边地面严重积水,并汇入基坑。受地面积水持续影响,基坑内封堵端头被冲开,大量雨水涌入基坑。基坑积水进入车站主体,并通过既有线接口部位进入运营车站站厅层,随着运营车站站厅层积水不断增多,积水通过站厅电扶梯口灌入站台层及轨行区,危及运营安全,导致线路中断、车站已不具备运营条件。事件处置过程关键节点如下。

(1) 收到暴雨橙色预警。13时02分,COCC收到气象预警信息,市气象台发布暴雨橙色预警信号,预计该市有一次暴雨天气过程。

(2) 启动运营单位暴雨橙色预警。13时05分,启动运营公司暴雨橙色预警响应,各单位做好以下工作:一是各部门及下属单位加强U形槽、倒虹吸、挡水墙、施工结合部、低洼及邻河车站、新接管车站等重要设备、区域巡查,相关专业做好应急抢险准备,接到抢险命令后迅速响应;二是正线运营列车加强瞭望,必要时采取限速、降级运营等措施;三是车站加强客运组织,做好出入口地面防滑工作;四是第二天早上线网指挥中心提前组织运营前检查,乘务及设备部门添乘轧道车;五是严格落实防汛值班制度,公司值班领导、下属单位班子成员在岗值班,总部及下属单位职能部门安排人员在岗值班,全员保持通信畅通,线网指挥中心加强值班点名,做好雨情信息收集和预警信息发布;六是运营公司各级领导随时关注运营情况,接报险情立即赶往现场靠前指挥。同时,电话通报运营公司值班领导、安全部、党群工作部,线网指挥中心值班领导、COCC管理人员、线网安全管理分部。

(3) 持续发布雨情信息。13时10分,各OCC通知车站、场调开展属地巡视及雨情观察,COCC汇总线网情况,并发布线网雨情信息。13时28分,与运营既有线车站换乘的某在建地铁车站附属基坑因周边地面严重积水汇入基坑,危及运营安全,启动运营公司Ⅳ级突发事件响应,事发运营分公司生产调度室成立应急响应中心,运营分公司事发现场成立现场指挥部。同时,电话通报集团总值班室、运营公司总经理、值班领导、安全部、客运管理部、保卫部、党群工作部以及各OCC。

(4) 组织开展现场抢险。13 时 40 分，COCC 通过信息发布平台向公司各级管理人员、抢修人员推送应急信息，适时更新处置措施。14 时 02 分，COCC 向总指挥申请调动防汛物资支援，调动大型水泵 4 套、沙袋 400 个，同时申请调用就近区域应急抢险队伍支援。通过应急资源管理平台跟进管理人员、抢险人员位置，查询物资状态和位置。

(5) 积水涌进车站。14 时 31 分，COCC 接现场指挥部报告，基坑内一断头管封堵端头被冲开，大量雨水涌入基坑。14 时 48 分，基坑积水进入车站主体，并通过既有线接口进入车站站厅；COCC 升级为运营公司Ⅲ级突发事件响应。14 时 51 分，通报集团总值班室、运营公司总经理、值班领导、安全部、客运管理部、保卫部、党群工作部和各 OCC，更新应急看板内容，通过信息发布平台向车站发布乘客 PIS 信息。

(6) 积水灌入站台层及轨行区。15 时 05 分，积水漫入站台层，不具备乘客上下条件，升级为运营公司Ⅱ级突发事件响应。15 时 07 分，话通报集团总值班室等部门和运营公司总经理等值班领导，更新应急处置进度信息内容，更新发布 PIS 信息。15 时 29 分，经专业人员处理，车站积水已清理完毕。

事件处置过程流程如图 6-1 所示。

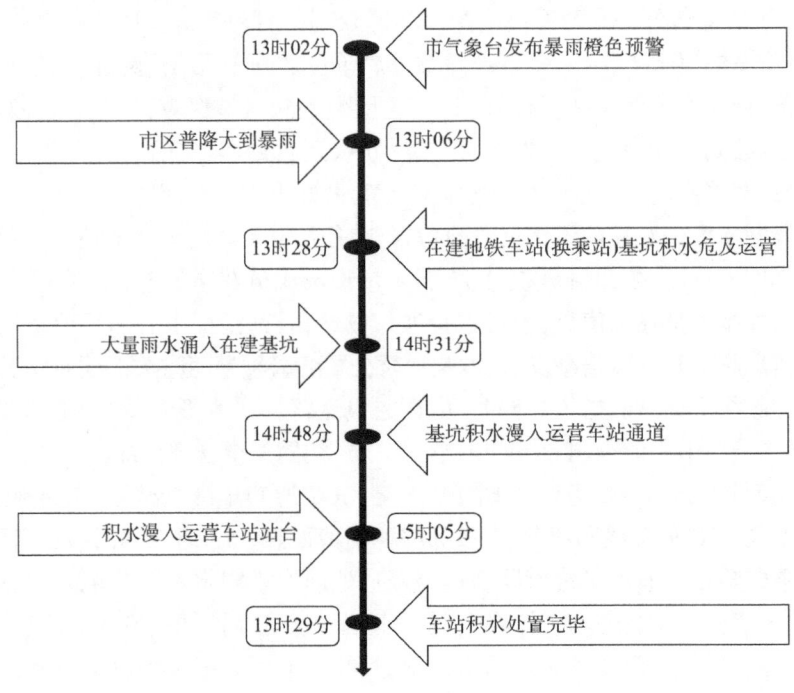

图 6-1 车站水淹事件处置过程

运营公司COCC作为城市轨道交通线网综合应急指挥机构,先后启动运营公司暴雨橙色预警响应、运营公司突发事件Ⅳ、Ⅲ、Ⅱ级应急响应。利用综合应急指挥系统的应急物资管理平台调动公司内部抢险人员、应急物资等资源开展抢险救援工作;利用应急处置平台协调线网行车调整,组织客流疏导;利用综合应急指挥系统的信息发布平台,对内对外发布、报送各类运营、抢险信息;适时发布线网PIS信息引导车站客流;对外协调启动公交接驳乘客,协调社会救援力量开展抢险工作。同时,利用综合应急指挥系统的相关功能开展评估和数据分析等工作。

二、暴雨橙色预警响应

COCC通过市气象局门户网站推送获取"市暴雨橙色预警"信息,系统查询数字化应急预案,并根据应急预案指引,采取相应的应对措施。COCC启动运营公司暴雨橙色预警响应,通过综合应急指挥系统信息发布平台以短信及企业微信方式向运营公司各级管理人员发布暴雨橙色预警响应信息;通过综合应急指挥系统应急处置平台的调度命令系统发布平台向各OCC发布暴雨橙色预警响应的调度命令,各OCC将暴雨橙色预警响应相关要求通知至各分公司生产调度及车站、司机;通过公务电话系统向集团总值班报送运营公司在暴雨橙色预警情况下采取的各项应时措施。

各OCC通知各区域应急抢险队整备到待发状态,按照要求收集车站站外雨情信息并上报COCC,COCC定时通过信息发布平台以短信及企业微信方式发布线网雨情信息。

三、发现基坑积水险情

该在建地铁车站(与运营既有线车站换乘)附属基坑地势低洼,周边地面严重积水并汇入附属基坑,存在积水进入运营车站的风险。保护区巡查人员发现周边地面严重积水有汇入基坑的风险后,立即上报车站,车站将现情况上报OCC,OCC上报COCC。

COCC通过综合应急指挥系统(应急预案管理平台)的应急指引,启动运营公司突发事件Ⅳ级应急响应。通过综合应急指挥系统(信息发布平台)以短信及企业微信方式向运营公司各级管理人员发布运营公司突发事件Ⅳ级应急响应信息,启动应急看板;应急处置平台向各OCC发运营公司突发事件Ⅳ级应急响应的调度命令,各OCC将相关要求通知至各分公司生产调度及车站、司机;通过公务电话系统向集团总值班报送运营公司在突发事件Ⅳ级应急情况下采取的措施。

事发分公司出动抢险队伍前往现场,事发车站成立现场指挥部,COCC跟踪各级管理人员、技术人员、抢险人员赶赴现场情况,实时掌握人员的到位情况;通过GIS平台实时获取抢险车辆位置信息;跟进分公司应急响应中心及现场指挥部成立情况。COCC根据系统应急指引,通过无线调度电台通知现场指挥部调动本站区1台应急水泵、2台吸尘吸水器、1台自吸增压泵、沙袋若干等物资支援现场,做好应急物资的储备,如图6-2所示。

图6-2 车站做好防洪挡水准备

因持续暴雨,基坑内一断头管封堵端头被冲开,大量雨水涌入基坑;同时,建设工地外电源故障,现场水泵全部断电。COCC接报集团总值班室要求,调动运营公司2台大型水泵支援,COCC根据综合应急指挥系统应急资源管理平台物资管理系统查询大型水泵的位置、状态,按照"就近调动"的原则,通过调度电话通知分公司应急响应中心调动相应物资。

四、积水涌入车站

附属基坑积水进入车站主体,并通过既有线接口部位进入运营车站站厅层,造成站厅层部分区域少量积水;同时,车站一出入口周边地面积水严重,造成该出入口乘客无法正常通行。COCC接现场指挥部报告,因车站一出入口周边地面积水严重,已不具备乘客通行条件,申请临时关闭出入口。COCC将事件调整为运营公司Ⅲ级应急响应。

COCC根据综合应急指挥系统应急预案管理平台的应急指引,通过综合应急指挥系统信息发布平台以短信方式及企业微信向运营公司各级管理人员发布运营公司突发事件Ⅲ级应急响应信息,调整信息发布平台的应急看板内容;通过综合应急指挥系统(应急处置平台)向各OCC发运营公司突发事件Ⅲ级应急响应的调度命令,各OCC将相关要求通知至各生产单位;通过公务电话系统向集团总值班报送运营公司的应急处置措施。

现场指挥部组织现场抢险工作,请求工务和接触网专业添乘,查看轨行区情况。COCC通知各区域OCC配合现场抢险工作,并监控线网客流情况,通知OCC采用增加备用列车、抽线、多停、换乘站不同时到达等行车调整手段,合理匹配线网运力。通过CCTV监控现场情况及应急处置情况,指导现场指挥部合理调配分公司应急资源,对应急处置中的安全风险进行卡控。

随着运营车站站厅层积水不断增多,积水通过站厅电扶梯口大量灌入站台层及轨行区,危及运营安全,车站已不具备运营条件。同时,网上有运营地铁车站被淹等负面舆情信息(已上传视频),现场有多名媒体记者带摄像设备采访报道。

COCC接OCC报车站台出现积水乘客不具备乘降条件,行车调度员组织各次列车小交路运行。COCC将事件调整为运营公司突发事件Ⅱ级应急响应。车站通过本站PIS发布站内乘客疏散信息,通过广播系统播放乘客疏散广播疏散车站乘客。COCC通过公务电话协调公交集团启动公交接驳,组织公交车前往相应车站接驳乘客,通过PIS全线网发布车站封站及公交接驳信息。

COCC根据现场指挥部的抢险情况,合理调配跨越分公司的抢险资源,支援现场抢险工作;公司舆情监控组、服务热线加强网络舆情监控,正面引导舆情;公司党群工作部派专人到事发现场应对现场媒体。

五、险情得到控制

COCC得到现场指挥部报告,险情得到有效控制,轨行区积水下降至道床,车站积水清理完毕。接到抢险结束的信息后,结束运营公司突发事件Ⅱ级应急响应,取消公交接驳和线网客流控制措施,通知OCC取消小交路。另外,系统通过市气象局门户网站、App等持续获取预警信息和降雨情况,通过信息发布平台向行业主管部门报送事件的调查、处置情况。

第二节 地震案例

一、事件概况

某日14时59分,综合应急指挥系统(动态数据监视平台)地震预警子系统发出预估烈度为6度的地震预警信息。城区发生4.5级地震,市政府部门启动地震Ⅱ级响应,运营公司立即启动地震Ⅱ级响应,组织开展行车客运调整,安排各专业开展设备受损情况排查、人员伤亡统计。同时,不同站点发生不同突发事件,运营公司立即组织各专业人员开展应急处置。事件处置的时间节点概要如下:

(1)收到地震报警。14时59分,预警子系统发出预估烈度为6度的地震预警信息,同时市中心城区发生4.5级地震信息报警。调度员将系统切换到应急模式,调取重点车站CCTV、查看线路运行图、晚点信息及设备报警信息,根据报警预判故障影响。

（2）启动地震Ⅱ级响应。15时02分,发布地震响应信息,启动运营公司地震Ⅱ级响应,各单位做好以下工作:一是各属单位加强设备巡视,全面排查各车站、场段因地震受到的影响,重点岗位及区域应急抢险队伍在岗待命,接到抢险命令后迅速响应;二是组织登高、吊装、密闭空间等高风险作业人员立即停止作业,确认现场安全条件后转移至安全区域;三是线网指挥中心组织全线列车限速运行,必要时采取清客退出服务措施;四是运营分公司做好车站乘客引导、秩序维护等工作,根据现场情况报请110、120、119等救援力量;五是设备设施部做好通信保障工作,全员保持通信畅通,严格服从线网指挥中心安排。各单位、部门按照《线网应急保驾方案》做好保驾工作。线网指挥中心总经理赶赴COCC担任总指挥,各分公司成立应急响应中心。

（3）开展应急处置,核实受损情况。15时05分,各OCC收到启动运营公司地震Ⅱ级响应的通知后,立即将启动运营公司地震Ⅱ级响应下发各车站、司机及生产调度,组织各专业开展设备设施排查、加强设备监控,并将检查情况及时上报相关OCC。COCC按A类信息进行通报,启动应急看板开展线网应急保驾。各下属单位生产调度收到通知后,立即按照本单位的信息报送流程,做好单位内部信息通报。电话通报运营公司值班领导、线网指挥中心值班领导、安全部、党群工作部、分部管理人员、线网安全管理分部。

（4）组织列车限速运行。COCC下达全线列车限速25km/h运行的命令。

（5）各专业开展排查。15时06分开始,相关单位和部门对受灾区域进行排查,掌握受灾情况,同时通知辖区救援力量做好应急处置准备。

（6）启动客流控制。15时07分,受地震影响,驷马桥站、琉璃场站、桐梓林站执行二级客流控制。发布首条微博及PIS信息:"受地震影响,目前各线路列车间隔延长,给您出行带来的不便我们深表歉意。"PIS信息:"受地震影响,各线路列车间隔延长。"

在应急处置过程中,受地震灾害持续影响,陆续发生了吊顶部分脱落导致乘客受伤、道岔红闪、钢轨断裂、水管爆裂等次生灾害,具体情况如下:

（1）驷马桥站吊顶脱落。15时08分,地铁3号线驷马桥站工作人员巡视A口通道时,发现通道吊顶大面积脱落,砸伤一名女性乘客（约20岁）,乘客昏迷无意识,车站正在处理,危险区域已设置隔离,安排人员引导,受伤乘客处已设置屏风隔离,已拨打120。

(2)琉璃场站道岔红闪。15时08分,信号人员发现地铁7号线琉璃场W1507道岔定反位红闪,影响列车回库。

(3)武青车辆段钢轨断裂。15时12分,工电车间专业人员发现地铁9号线武青车辆段出段线CDK1+100左股线路发生断轨故障,轨道设备无法正常使用,需要进行应急处置。

(4)桐梓林站水管爆管。15时12分,地铁1号线桐梓林站车站巡视C口通道处发现消防水管爆管,且现场水势较大,已组织专业人员前往现场处理。生产调度已远程关闭桐梓林站区间消防电动蝶阀。

(5)有轨电车2号线接触网失电。15时13分,郫温OCC综合调度系统显示百叶A6所211断路器Imax++、晨风B1所212断路器Imax+保护动作跳闸,自动重合闸不成功,造成F2供电分区接触网失电;行车调度员通过CCTV发现78号路口(新业路与百草路路口)处接触网断线,影响上下行列车通行;已组织专业人员抢修处理。

针对上述次生灾害,COCC发布地震影响信息:经排查,地铁1号线桐梓林站水管爆管,3号线驷马桥站通道吊顶大面积脱落,7号线琉璃场站W1507道岔定反位均红闪,9号线武青车辆段出段线钢轨断裂,影响列车发车,目前已组织专业人员抢修处理。

经过专业人员快速抢修,15时26分,地铁1号线桐梓林站消防阀门、进水总阀、区间电动蝶阀已全部关闭,C口水势已得到控制。15时28分,3号线驷马桥站A口通道吊顶经专业人员临时处理后不影响客服,具备通行条件。15时30分,中环OCC报已组织车站将7号线琉璃场站W1507道岔钩锁至定位,组织列车越红灯运行。15时34分,有轨电车2号线采用超级电容行车,行调组织后续列车通过号路口,安排人员现场值守。

15时38分,COCC更新应急看板内容。15时46分,经各专业检查、巡视所辖线路、设备均无异常。15时50分市解除地震Ⅱ级响应,后续无震感,经专业人员现场确认,各专业设备、线路正常。15时50分,结束应急看板,进行信息报告。

事件处置关键时间轴如图6-3所示。

二、地震初期处置

COCC启动运营公司地震Ⅱ级响应,向运营公司各级管理人员发布响应信息,同时向各OCC发布调度命令;各OCC将地震响应相关要求通知至各生产单位,通过公务电话系统向集团总值班报告。各OCC通知各区域应急抢险队整备,组织线网所有列车限速 25km/h 运行,各次列车司机加强行车瞭望,线网各车站限速信息,车站加强客流组织。

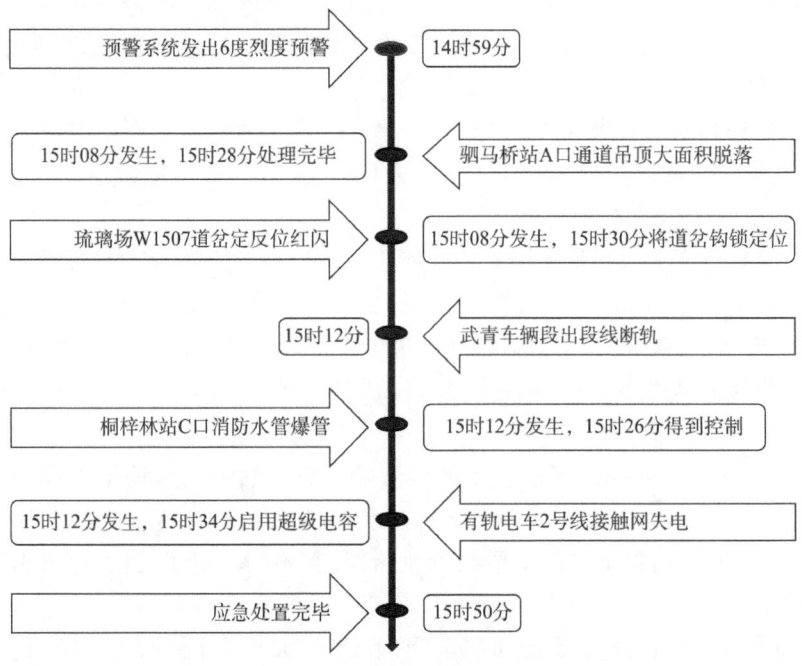

图 6-3　地震事件处置过程

COCC 通过系统应急预案模块执行地震 II 级应急预案,并根据预案指引进行应急指挥,对处置关键节点进行卡控;跟踪各级管理人员、技术人员、抢险人员赶赴现场情况,实时掌握人员的到位情况;关注线网及各线路重要站点客流变化情况,视情况采取站控、线控、网控措施。

三、次生灾害处置

地震造成运营线路车站出现吊顶脱落、道岔失表、钢轨断裂、水管爆管事件,对车站运营秩序、线网行车组织造成严重影响。通过系统应急预案管理平台分别在应急预案模块执行道岔失表、钢轨断裂等应急预案,同时做好预案流程盯控、指挥现场处置,各故障点应急处置情况如下。

1.琉璃场站道岔故障应急处置

15 时 08 分,琉璃场站报 W1505/W1507 道岔定反位均红闪,行车调度员立即通知车站人员做好下线路钩锁道岔准备,人员在琉璃场上行头端门处待令,行车调度员通知琉璃场站切换到 ILOCK 界面查看道岔是否正常,琉璃场站确认 ILOCK 界面道岔仍处于失表状态,中央及车站单操两个来回无法恢复,行车调度员将琉璃场道岔故障通报维修调度员。

15 时 10 分,维修调度员接到行车调度员琉璃场站 W1505/W1507 道岔定反位均红闪,向通信信号和工务专业发布抢修命令,并指定信号专业为主抢修专业,工务专业配合,上报设备抢修负责人姓名及联系方式,将 800M 集群通信系统打至 7 号线信号维修组。

15 时 13 分,行车调度员组织负二层热备车加开至负二层出场线 X0927 信号机前待令。

15 时 15 分,行车调度员扣停上行后续列车在三瓦窑上行,组织琉璃场站人员经琉璃场上行头端下线路办理琉璃场上行至川师上行进路,办理完毕后人员出清轨行区后报行车调度员。

15 时 19 分,琉璃场站下线路人员进路办理完毕出清轨行区后向行车调度员汇报,行车调度员按一车一令、一灯一令的方式组织上行后续列车越 S1513 信号机红灯。发布火车南站至三瓦窑至迎晖路上行 5min 晚点信息。

15 时 20 分,行车调度员向全线各站及场段收集设备是否运转正常及客服受影响情况,回复均正常。

15 时 20 分,工务专业到达,确定工务专业处置负责人,维修调度员要求其与设备抢修负责人联系。

15 时 22 分,信号专业到达,信号专业处置负责人,申请信号 4 人、工务 2 人 3min 下线路检查设备,维修调度员通知其在上行头端待令,与值班站长联系其下线路,维修调度员通知行调及值班主任。

15 时 24 分,抢修人员到达现场后申请 3min 下线路检查设备,行车调度员利用行车间隔组织车站人员带领专业人员前往现场察看设备。

15 时 27 分,经专业人员检查后确认,W1507 道岔连杆变形需要处理,维修调度员与其确认抢修方案,回复材料到位需要 5min,更换需要 15min;维修调度员要求其备件到达后联系维调,申请出清轨行区,维修调度员通知行车调度员。

15 时 30 分,组织抢修人员抢修。

15 时 30 分,设备抢修负责人回复维修调度员,备件已到达,申请下轨行区进行处理;维修调度员与其确认共 6 人下轨行处理,预计 15min,维修调度员通知行车调度员及值班主任。

15时34分,行车调度员组织中铁二局集团有限公司专业人员添乘列车巡视线路。

15时40分,抢修人员要求中央单操两个来回,恢复正常。

15时42分,设备抢修负责人回复维修调度员,设备更换完毕,检查各设备正常,无限速要求,申请出清轨行区,维修调度员通知行调及值班主任。

15时42分,经专业人员处置完毕出清轨行区后,行车调度员向车站确认钩锁器拆除完毕,设备检查完毕后确认设备恢复正常,维修调度员结束抢修。

15时46分,经通号、工电、机电专业人员检查设备设施正常。

2.驷马桥站天花板脱落应急处置

15时08分,车站控制室接3号线值站协岗报,巡视至A口通道时,发现通道吊顶大面积脱落,砸伤一名20岁左右的女性乘客,乘客昏迷无意识。车站立即报行车调度员,OCC立即按C类信息进行电话通报。

15时10分,车站立即拨打120,安排保安携带屏风到现场进行遮蔽、隔离,安排保洁到A出入口接应120,客值佩戴好安全帽携、带执法记录仪及医药箱赶往现场;7号线值站安排保安佩戴好安全帽等防护用品后立即拿取伸缩带、铁马和警戒带对A口通道天花板掉落区域进行隔离,预留乘客通行区域,并安排人员做好现场引导及解释工作。

15时11分,维修调度员发布抢修令。

15时13分,驷马桥站完成危险区域隔离,预留乘客进出站通道。

15时18分,3号线值班协岗报120到达现场将昏迷的乘客接至416医院进行治疗。

15时18分,机电专业抢修人员到位,要求稍后汇报处置方案。

15时25分,维修调度员联系抢修负责人,回复勘探、检查完毕后汇报处置方案。

15时27分,抢修负责人报维修调度员,确认驷马桥站A口通道处掉落两块天花板,预计处置15min。

15时35分,机电和维修组人员已经天花板脱落部分进行临时加固完毕,并检查周边天花板状态无异常,满足乘客通行条件,上报维修调度员。

15时36分,维修调度员与生产调度确认天花板已恢复,宣布抢修结束。

15时36分,车站控制室通知保洁人员立即赶到A口通道,对现场垃圾进行清扫,清理完毕后上报车站控制室。

15时38分,A口通道已清理完毕,恢复A口正常通行,现场指挥人立即将信息汇报总指挥及行车调度员。

3. 桐梓林站消防水管爆管处置

15 时 12 分,桐梓林站报巡视 B 口通道处发现消防水管爆管,且现场水势较大,车站正在进行处置。

15 时 14 分,维修调度员发布抢修令。

15 时 14 分,电力调度员向桐梓林站确认 B 口消防水管爆管情况,车站回复消防水管爆管,正采取措施设置防水沙袋,电力调度员令其立即关闭车站消防总水阀和区间手动碟阀。

15 时 16 分,电力调度员远控一键关闭桐梓林站区间电动碟阀,并确认关闭,报值班主任。

15 时 19 分,车站值班员通知厅巡及保安协助搬防洪沙袋去 B 口爆管处挡水。

15 时 25 分,厅巡及保安将防洪沙袋及吸水膨胀袋搬至 B 口爆管处并摆放完毕。

15 时 26 分,车站值班员报:已关闭车站消防总水阀,电调询问其是否已止水,回复还需与现场确认。

15 时 27 分,抢修人员到达现场。

15 时 27 分,行车调度员跟进现场情况,车站回复正在确认。

15 时 28 分,桐梓林站回复 B 口通道处消防水管爆管已得到控制,有少量积水,对客服无影响。

15 时 29 分,车站值班员报:区间手动蝶阀已关闭,水已止住,地面有积水正在清理,不影响客服,报值班主任。

15 时 32 分,抢修负责人报维修调度员:现场关闭所有阀门,爆管处流水已得到控制。

15 时 35 分,维修调度员询问爆管处理时间,回复大概需要 10min。

15 时 38 分,车站值班员报:地面积水已清理。

15 时 40 分,维修调度员报电力调度员:专业人员已隔离故障水管,故障处理还需 10min。

15 时 42 分,现场抢修负责人回复维修调度员,爆管水管已修复,准备开阀需要 5min。

15 时 42 分,维修调度员报电力调度员:故障水管已处理,专业人员正在组织恢复区间手动和电动碟阀、车站消防总水阀。

15 时 46 分,抢修负责人回复维修调度员,区间供水已恢复。

城市轨道交通线网综合应急指挥系统研究与实践

15时46分,维修调度员回复电力调度员:已恢复桐梓林站区间电动、手动蝶阀。

15时49分,抢修负责人回复维修调度员:全部阀门已打开,所有供水恢复正常。

15时49分,维修调度员回复电力调度员:桐梓林站消防总水阀已开启,恢复消防用水,车站设备恢复正常。

15时51分,维修调度员宣布抢修结束。

4. 武青车辆段钢轨断轨应急处置

15时12分,现场专业人员报武青车辆段出段线K1+100处左侧钢轨横向断轨(25mm)。

15时13分,因武青车辆段出段线K1+100处左侧钢轨断轨,发布抢修,以工务专业为主其他专业为辅开展抢修。

15时18分,现场专业人员申请上急救器进行处置,预计需要15min。

15时21分,9号线运营中心指定抢修负责人兼技术负责人和信息负责人。

15时21分,值班主任将信息报COCC及OCC管理人员。

15时22分,行车调度员与维修调度员确认现场抢修人员全部出清至出段线,行车调度员通知场段运用调度恢复武青车辆段的区域封锁开关。

15时23分,行车调度员通知通知现场抢修负责人,武青车辆段采用入段线出车,人员抢修时不要侵入至入段线。

15时24分,行车调度员组织全线运检工在机投桥站至培风站上下行区间加强瞭望,出段线有专业人员在抢修作业。

15时25分,抢修负责人根据现场情况制订抢修方案:组织上急救器进行紧急处理并拧紧断轨位置前后50m扣件。

15时27分,现场抢修负责人告知已将急救器固定完毕,抢修作业完毕,申请人员出清武青车辆段轨行区。

15时30分,维修调度员向生产调度确认抢修进度,生产调度回复人员工器具正在出清,钢轨具备行车条件,列车需限速25km/h运行。

15时32分,维修调度员告知行车调度员,故障处理完毕,后续限速25km/h运行。

15时38分,抢修负责人报:抢修人员,工器具出清武青车辆段轨行区。

15时39分,行车调度员通知武青车辆段场段运用调度,后续按计划发车。

15时42分,维修调度员向生产调度确认钢轨断轨后续处理措施和限速25km/h

结束时间。

15时45分，生产调度回复：报计划利用夜间天窗时间进行钢轨更换，限速预计次日运营前取消。

15时48分，现场故障处理完毕，维修调度员发布抢修结束，OCC恢复线路正常运营。

5. 有轨电车2号线接触网断线应急处置

15时12分，综合调度系统显示百叶A6所211断路器Imax++、晨风B1所212断路器Imax+保护动作跳闸，自动重合闸不成功，造成F2供电分区接触网失电；行车调度员通过CCTV发现78号路口（新业路与百草路路口）处接触网断线，影响上下行列车通行。

15时13分，设备调度通知生产调度组织接触网专业应急抢险队立即前往现场开展设备抢修工作。同时在有轨电车2号线信息群发布相关故障信息。

15时14分，任命抢修负责人，应急抢险队正在赶赴现场。

15时25分，应急抢险队已到达现场，成立现场指挥部，并开始进行初期抢修工作。

15时26分，震感消失，行车调度员组织主线全线及支线仁和—天河路上下行各次列车限速25km/h运行，沿途加强瞭望确认线路及设备情况；天河路—新业路受接触网断线影响，列车不能通行。

15时29分，检修车间管理人员、接触网专工到达现场，由检修车间管理人员担任现场总指挥。

15时32分，经专业人员临时处理，电车可降弓通过78号路口，行车调度员组织支线各次列车降弓采用超级电容模式通过失电区域，并安排专业人员现场值守，待运营结束后对接触网进行恢复。

四、恢复运营与评估

市解除地震Ⅱ级响应，险情得到有效控制，且后续无震感，经专业人员现场确认，各专业设备、线路正常，满足运营条件，各线列车均恢复正常运行信息后，结束运营公司地震Ⅱ级响应及保驾工作。客流监控系统预警情况取消线网客流控制措施，通知OCC取消小交路等行车调整措施。事件结束后，根据ATS、CCTV、录音回放调取对应急处置过程进行评估，同时对次生灾害进行全线排查和评估，确保设施设备状态安全、可靠。

第三节 车站火灾案例

一、事件概况

某工作日上午10时28分,运营线路A站站台乘客携带背包着火,火势不可控,公司立即组织站内乘客疏散,迅速报告地铁公安、119、120,请求支援,组织各单位联合快速处置。同时,网上出现A站火灾的负面舆情信息,多家媒体现场采访报道。事件关键节点如下。

(1)车站发现火情。10时28分,三元站报上行20号滑动门对应站台处乘客携带背包着火,站台岗正在使用就近灭火器进行现场处置,暂无人员伤亡。10时32分,OCC进一步跟进现场信息获知,乘客背包着火引燃旁边垃圾桶,火势迅速扩散,现场火势无法控制。同时综合监控报三元站站台公共区站台火灾模式启动,小系统、水系统停机,三级负荷跳闸,供电系统运行正常。

(2)应急信息报告。10时34分,COCC值班总调度员及时向OCC了解事件处置信息,组织进行信息通报工作,报送公司总经理、值班领导、新闻发言人、集团总值班室、安全部、党群宣传部、客运管理部、保卫部,并短信发送至相关人员。

(3)启动应急响应。10时34分,COCC启动运营公司Ⅰ级突发事件应急响应,通过信息发布平台以短信方式向运营公司各级管理人员发布响应信息;通过应急处置平台向各OCC发布调度命令,各OCC将应急响应相关要求通知至各生产单位;通过公务电话系统向集团总值班报送运营公司已采取的各项举措,启动应急看板。各运营分公司收到Ⅰ级突发事件应急响应通知后立即成立应急响应中心,各类应急人员及物资做好准备,收到现场指挥部或者应急指挥中心命令后立即赶赴现场参与处置。

(4)行车调整和公交接驳。10时36分,通过列车监视系统预判正线会出现较大行车间隔,提示OCC组织调整全线列车运行交路,事发点两端小交路运行。10时38分,预计区间中断行车将超过30min,副总指挥通知COCC启动公交接驳,COCC联系公交集团接驳。

(5)救援力量抵达。10时42分,119消防人员到达车站,现场指挥立即向119负责人介绍抢险情况,带领消防人员进站灭火。120救援人员抵达,接应人将医护人员带至受伤乘客处,120随即对伤员进行救治转移。10时45分,收集各线路客流情况,启动线网客流控制。

(6)恢复正常运营。11时00分具备开站条件,结束运营公司一级突发事件响应,发布线网PIS信息。

事件发生和应急处置过程如图6-4所示。

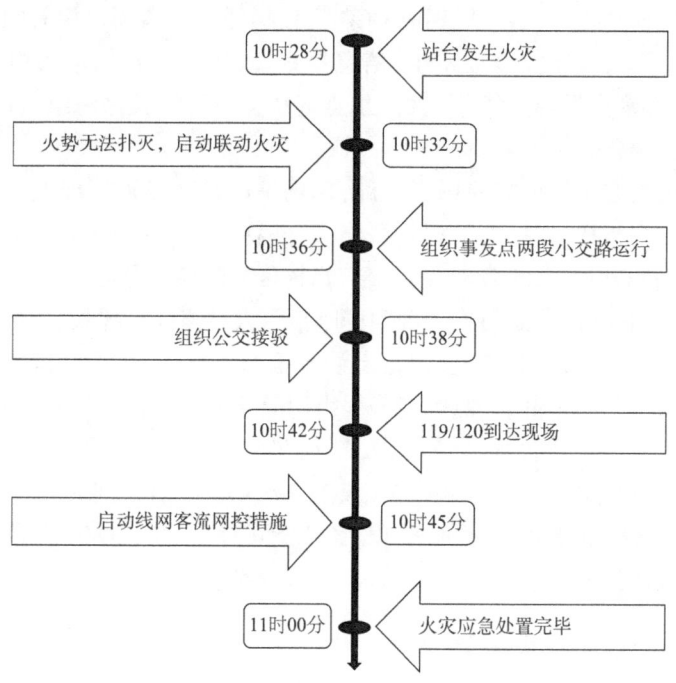

图6-4 车站火灾事件处置过程

二、火情初期处置

行车调度员询问车站现场着火具体位置、火势大小、影响范围、人员伤亡情况,A站回复站台乘客背包着火引燃旁边垃圾桶,火势迅速扩散,现场火势无法控制,现场暂无人员伤亡,已拨打119、120,行车调度员通知车站执行紧急疏散并关站,并做好119、120的人员接应工作。

COCC启动运营公司Ⅰ级突发事件应急响应,通过信息发布平台以短信方式及企业微信向运营公司各级管理人员发布响应信息,向各OCC发布命令,将应急响应相关要求通知至各生产单位;通过公务电话系统向集团总值班报送运营公司已采取的各项举措,启动应急看板。

各运营分公司收到Ⅰ级突发事件应急响应通知后立即响应,人员及物资做好准备,收到命令后立即赶赴现场。

三、成立现场指挥部

启动Ⅰ级突发事件响应后,运营公司立即成立应急指挥中心于COCC,属地分公司总经理担任总指挥,事发地相应OCC主任担任副总指挥。相关职能部门赶赴COCC,安全部牵头组建安全技术组、信息报送组,客运管理部牵头组建行车客运组,党群宣传部牵头组建舆情监控组,办公室牵头组建后勤保障组,各牵头组负责人向副总指挥报备。

属地分公司在车站成立现场指挥部,现场站区最高级别管理人员穿戴现场指挥背心担任现场指挥,安排人员担任联络人,并将信息报总指挥;联络人做好现场指挥部备品(背心、袖标、扩音器等)准备、指挥区域隔离划分等。

属地分公司、维保分公司生产调度场所指定人员担任指挥长、应急资源组负责人、信息报送组负责人,属地分公司指定设备抢修负责人,各单位指挥长将信息报总指挥、现场指挥。各部门按照既定流程组织应急响应工作。

通过CCTV查看站台火灾情况,发现火势较大,站台不具备通过条件,提示OCC组织调整全线列车运行交路,事发点两端小交路运行,同时,COCC预计区间中断行车超过30min,副总指挥通知COCC启动公交接驳,COCC利用信息发布平台联系公交集团接驳。

四、扑灭火灾与乘客转送

119消防人员到达车站,接应人将119负责人带至现场指挥部,现场指挥立即向119负责人介绍抢险情况,安排专人带领119进入车站,对车站进行灭火。120到站,接应人将医护人员带至受伤乘客处,120随即对伤员进行救治转移。

各专业人员到达现场,按照现场指挥的要求参与现场处置,确认设备状态。邻站支援人员到达现场后向现场指挥报备,现场指挥安排部分人员至各出入口进行交通疏导,保障抢险通道畅通;安排部分人员将公交接驳牌摆至相应出入口,并负责引导站外乘客有序排队等候接驳车。现场指挥将现场处置及人员到位情况报总指挥。

接驳公交车到A站后,接驳点位站务人员与接驳公交车驾驶员确认行驶线路,引导不同方向的乘客有序上车,待接驳车离开后通知现场指挥。部分换乘站客流堆积较严重,COCC值班总调宣布启动线网客流控制措施,CCTV系统调整至相关重点车站,实时监控重点车站客流状态。

五、恢复运营与评估

现场指挥向设备抢修负责人、消防、公安确认车站具备正常运营条件,报总指挥。副总指挥组织通知相关车站解除封闭,恢复正常运营服务,做好客服工作。OCC 通知全线各站、各次列车司机具备正常运营条件,全线各次列车恢复正常载客服务,各站做好客服;并利用多种行车调整手段,尽快恢复正常运营秩序。

COCC 发布恢复正常运营信息,同时恢复 PIS 至正常状态,通知公交集团结束接驳,结束线网客流控制措施,副总指挥统计运营恢复情况报总指挥,结束 I 级突发事件响应。

事件结束后,根据 ATS、CCTV、录音回放调取及系统对运营影响如晚点、下线、越站、封站等运营指标统计进行分析总结本次事件;对标查找公司应急管理、应急准备、应急响应的完整性、可操作性;调取应急评估报告模板编写事件评估报告。

第四节 区间火灾案例

一、事件概况

某工作日 15 时,801 次列车行驶至运营既有线 A—B 站下行区间 K8+350 时,运行方向第 6 节车厢控制柜冒烟着火(投放烟饼模拟),严重损毁,跟车保安立即灭火,列车紧急制动,迫停区间,且火情无法控制,公司立即组织乘客区间紧急疏散,同时组织站内乘客疏散,迅速报告地铁公安、119、120,请求支援,组织各单位联合快速处置。事件关键节点如下。

(1)发现火情。15 时 01 分,发现第 6 节车厢控制柜冒烟起火后,跟车保安立即前往起火位置使用车厢灭火器进行灭火,利用列车紧急对讲器向列车司机报告起火信息。列车紧急制动,迫停区间。OCC 立即向司机了解现场情况,包括列车具体位置、火势情况、影响范围、人员伤亡情况等。

(2)组织区间疏散。15 时 04 分,现场火势无法扑灭,跟车保安报司机,司机将信息上报 OCC。OCC 发布区间疏散命令,通知司机降弓,告知司机 1~5 节车厢乘客往 A 站疏散,7、8 车厢乘客通过列车尾部区间联络通道往 A 站方向疏散。车站派人把守响应端门并做好引导。

(3)启动应急响应。15 时 05 分,启动运营公司 I 级突发事件应急响应,通过信息发布平台以短信方式及企业微信向运营公司各级管理人员发布响应信息;通过调度命令发布平台向各OCC发布调度命令,各OCC将应急响应相关要求通知至各生产单位;通过公务电话系统向集团总值班报送运营公司已采取的措施,启动应急看板。

(4)行车调整和公交接驳。15时12分,COCC通过列车监视子系统预判正线会出现较大行车间隔,提示OCC组织调整全线列车运行交路,事发点两端小交路运行。15时15分,COCC预计区间中断行车超过30min,副总指挥通知启动公交接驳,COCC联系公交集团接驳。

(5)各专业开展应急处置。各专业按照命令开展处置工作,15时20分,119消防人员到达车站,接应人将119负责人带至现场指挥部,现场指挥立即向119负责人介绍抢险情况,安排专人带领119赶赴区间,对列车进行灭火。120到站,接应人将医护人员带至晕倒乘客处,120随即对伤员进行救治转移。15时30分,区间疏散完毕。

(6)列车连挂救援。15时40分,OCC组织进行故障列车救援连挂。16时02分,经专业人员处理,具备开站条件。16时05分,向线网车站发布恢复正常运营PIS信息。

事件处置过程如图6-5所示。

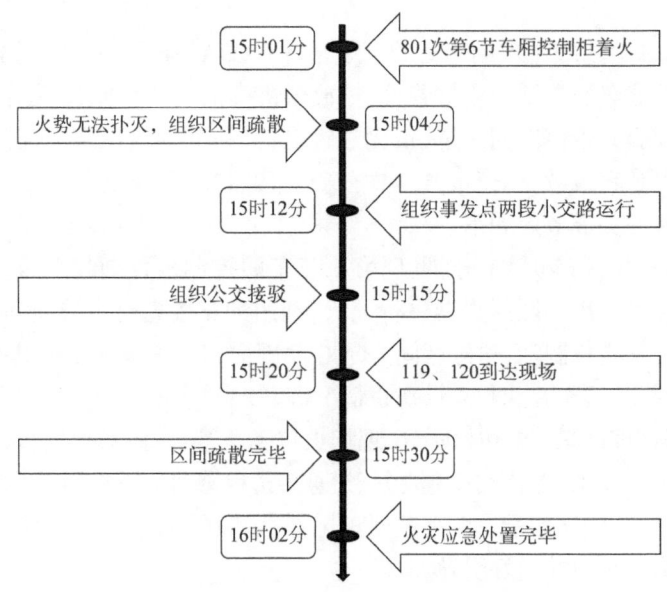

图6-5 区间火灾事件处置过程

二、乘客区间疏散

机电专业人员到达现场后列队于指挥区域,设备抢修负责人及机电专业负责人向现场指挥报到,指定机电专业联络人,穿戴袖标立岗于现场指挥部,设备抢修负责人、专业负责人带领队伍至下行尾端门待令。119消防人员到达车站,接应人将119负责人带至现场指挥部,现场指挥立即向119负责人介绍抢险情况,安排专人带领119赶赴区间,对列车进行灭火。

车辆、接触网专业人员到达现场后列队于指挥区域,车辆、接触网专业负责人向现场指挥报到,指定本专业专业联络人,穿戴袖标立岗于现场指挥部,专业负责人带领队伍至下行尾端门待令,并向设备抢修负责人报到。工务、通信等专业人员到达现场后列队于指挥区域,各专业负责人向现场指挥报到,指定本专业专业联络人,穿戴袖标立岗于现场指挥部,各专业负责人带领队伍至下行尾端门待令,并向设备抢修负责人报到。

同时,A站值班站长与司机从下行尾端出清,报现场指挥、行值区间乘客及工作人员全部出清疏散完毕,值站留守站台把守下行尾端门,司机在下行尾端门待令。行车值班员、司机向行车调度员报区间乘客疏散完毕,现场指挥向总指挥报区间乘客疏散完毕。车辆、AFC应急值守点人员到现场指挥部报到,听从现场指挥安排;各岗位确认本区域乘客疏散完毕后报现场指挥,现场指挥确认站内乘客疏散完毕后报总指挥,同时站务人员将站外乘客按不同目的地组织等待接驳车。

三、列车救援连挂

设备抢修负责人向值班站长申请,值班站长向行车调度员申请,经同意后组织各专业人员进轨行区确认,司机跟随进入。各负责人确认本专业设备情况,并向设备抢修负责人、本专业联络人报备。车辆专业协助司机恢复驾驶室紧急疏散门,确认列车无须解钩,无法靠自身动力动车,将情况报设备抢修负责人、本专业联络人,添乘列车内;其余各专业负责人确认本专业设备正常、恢复本专业因疏散联动的设备,组织人员出清区间,将处置情况报设备抢修负责人、本专业联络人。设备抢修负责人报维修调度员、现场指挥,故障车需要列车救援,5A5、5A6区具备送电条件,人员、物品已出清线路。

维修调度员通知OCC各调度员,OCC确认满足条件后执行供电分区5A5、5A6区接触网送电成功,并组织列车轧道。OCC组织B站下行803次担任救援列车前往与故障车连挂,连挂完毕后运行至大丰停车场。

第五节　列车脱轨案例

一、事件概况

8月16日15时,801次列车运行接近金星站—黄石站上行区间疏散楼梯通道处时(K53+500左右),司机发现前方钢轨断轨,立即采取紧急制动措施,但因制动距离不足,列车轧过断轨点,导致第一节车厢第一转向架第一轮对脱轨,同时造成乘客受伤。运营公司立即启动Ⅰ级突发事件应急响应及相关预案,组织乘客区间列车转运疏散、车辆起复救援、轨道快速修复等,同时调整行车、客运组织,并请求120、公交公司、吊装公司等支援,经联合快速处置,运营秩序恢复正常。事故处置过程如图6-6所示。

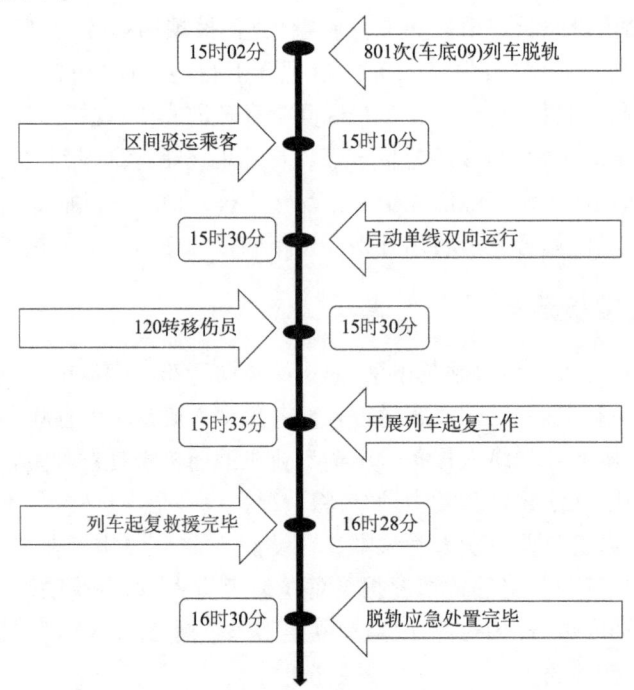

图6-6　列车脱轨事件处置过程

事件发生后,公司启动Ⅰ级突发事件应急响应,公司三级应急体系自动成立,即应急指挥中心—应急响应中心—现场指挥部。其中,应急指挥中心设置于

COCC，承担应急情况下的应急指挥、应急支援、资源调配、应急决策、行车调整、客流引导等工作；应急响应中心设置于各运营分公司生产调度办公室，承担分公司内部应急资源、抢险队伍、客运组织等工作，现场指挥部设置于事发现场，负责抢险工作的协调、现场安全卡控、处置措施的制定、人员分工等工作。16点30分，列车起复完成，脱轨事件处置完毕。

按照主要应急事件的特征，收到列车运行异常信息、收到列车脱轨信息等关键事件的发生时间和处置经过概况如下。

（1）列车越过钢轨断裂位置后迫停区间。15时00分，801次列车司机发现前方钢轨断轨并立即紧急制动，列车在制动停车过程中越过岗位断裂位置，两列车迫停区间。

（2）上报列车脱轨信息。15时02分，列车司机向行车调度员报告：发现线路断轨，现在列车运行方向第一节车厢第一转向架第一轮对已经脱轨，车体向轨行区外侧倾斜，暂不影响邻线行车，已发现车上有1名老年乘客受伤。

（3）启动应急响应。15时05分，值班主任请示启动运营公司Ⅰ级突发事件应急响应，值班总调度员经公司领导同意后，启动应急响应。

（4）启动应急看板。15时06分，做好应急看板推送，微博、PIS、App故障信息发布。

（5）成立应急指挥部。15时07分，运营公司总经理赶赴COCC担任总指挥，各分公司成立应急响应中心。15时08分，现场开展应急处置，启动小交路运行及公交接驳。15时09分，通报运营公司值班领导、线网指挥中心值班领导、安全部、党群工作部、分部管理人员、线网安全管理分部。

（6）组织应急条件下行车调整。15时10分，启动区间列车转运；现场秩序维护及交通引导。15时30分，启动单线双向运行；各应急处置力量到达现场；120转移伤员；现场勘查制订处置措施。

（7）列车起复。15时35分，车辆应急抢险队开展列车起复工作。15时36分，进行内部信息续报及对外微博、微信、PIS信息发布。16时28分，列车起复救援完毕。16时30分，确认人员工器具出清，启动恢复运营。

主要的应急处置场景包括发现险情后的先期处置、启动应急响应及开展应急救援等过程，在这个过程中，应急管理系统发挥了重要作用，具体情况如下。

二、险情先期处置

发生险情后的先期处置主要包括司机确认现场信息并上报、信息对外报送、初

期救援组织、初期行车客运调整以及乘客安抚等，具体内容如下。

1. 司机报告行车调度员

801次列车司机发现前方钢轨断轨并迫停区间后，立即上报行车调度员。行车调度员要求801次司机立即确认车辆状态及抖动原因、做好乘客安抚，同时将故障信息报值班主任及OCC各调度、生产调度。

司机降弓施加停放制动，播放临时停车广播，通知跟车保安安抚乘客，确认乘客受伤情况，维持车上秩序。司机向行车调度员申请下线路确认，行车调度员同意。行车调度员组织后续列车802次在金星站下行站线、803次在黄石站上行站线开门待令。经确认后，801次司机报行车调度员线路断轨，列车运行方向第一节车厢第一转向架第一轮对脱轨，车体向轨行区外侧倾斜，暂不影响邻线行车，车上有1名老年乘客受伤。

2. 行车调度员报告值班主任

行车调度员将司机上报信息报值班主任，值班主任安排人员分工、信息报送，信息调度发布故障信息。同时，COCC按照A类信息报送流程进行信息通报。10min内电话报送公司总经理、值班领导、新闻发言人、集团总值班室、安全部、党群宣传部、客运管理部、保卫部，并通过短信组"A类突发生产信息组"发送至相关人员。

公司值班领导电话报送集团公司分管领导；公司总经理电话向集团公司主要领导报告并请示，并向线网中心主任传达集团公司主要领导指示。各部门及下属单位组织编写首报书面材料报安全部；安全部电话报送市应急管理局，客运管理部电话报送市交通运输局，保卫部电话报送轨道公交分局。与此同时，维修调度员通知凤溪河区域应急值守点人员赶赴现场。

3. 维修调度员发布抢修命令

维修调度员向各生产调度发布抢修命令，确定车辆专业为抢修主专业，通知各专业抢修人员从区间中部疏散楼梯进入轨行区进行抢修作业，各专业负责人、设备抢修负责人及维调之间用"17维修特别组"进行联系。

运营三分公司生产调度接维调通知后，通知接触网、工务专业值守点人员立即赶赴现场确认，同时通知17号线车辆、接触网、工务专业抢险人员集结，清点物资，赶赴现场处置。与此同时，相关OCC岗位做好以下工作：维修调度员立即通知公司文家车辆段工务、车辆、接触网专业抢险小队立即集结，赶赴现场支援处置；电力调度员查看黄石至金星上下行正线及辅助线接触网供电状态正常；行车调度员通知801次司机立即降弓做好客服,做好区间列车转运准备;行车调度员通知金星站做好区间列车转运乘客准备,拨打120,安排人员配合抢修人员同通过区间疏散楼梯进入轨行区。

金星站收到行调配合抢修人员进入区间的通知后,安排8人(4人负责转运乘客组织、2人负责卡控区间疏散楼梯门、2人负责建立现场指挥部)携带相关备品,准备添乘电客车前往区间疏散楼梯处处置。同时,行车调度员利用多停、限速等方式调整全线列车间隔,向故障影响区段发布晚点信息,通知黄石站做好小交路准备。行车调度员组织金星站、黄石寺站对扣停列车进行清客,扣停列车播放清客广播,车站做好客运组织及乘客安抚。

三、启动应急响应与乘客转运

1. 启动应急响应

15时05分开始,启动Ⅰ级突发事件响应,建立应急处置机构组织救援,开展信息发布公开及舆情监控、启动小交路运行及公交接驳等。

OCC值班主任预计故障造成的影响,请示COCC启动运营公司Ⅰ级突发事件应急响应,值班总调度员经公司领导同意后,启动公司Ⅰ级突发事件响应,各调度做好利用综合应急指挥系统(应急处置平台)开展应急看板推送,利用综合应急指挥系统(信息发布平台)微博、PIS、App故障信息发布;OCC值班主任收到启动Ⅰ级突发事件响应信息后将该信息通报全体调度员。

运营公司总经理授权运营三分公司总经理担任总指挥,OCC控制中心主任担任副总指挥。与此同时,运营三分公司立即在生产调度场所成立应急响应中心,指定指挥长、应急资源组负责人、信息报送组负责人,指挥长将信息报总指挥、现场指挥,同时通知各专业联络人到现场指挥处报到。

2. 赶赴救援现场

运营三分公司应急响应中心通知本单位区域应急抢修队伍立即赶赴现场支援;立即联系当地交通运输部门协助引导现场交通秩序,并安排足够保安到现场支援;组织17号线综合站区安排6人支援现场。与此同时,党群宣传部安排现场媒体应对人员2人到现场指挥部报到后,做好乘客解释,及时劝止乘客或媒体拍照、录像等舆论引导工作;通过微博展开事件概况、处置措施等舆情引导。

副总指挥报总指挥运营公司完成该事件向各级人员、单位报送。总指挥向演练总指挥汇报:"演练总指挥,该事件信息,COCC、安全部、客运部、保卫部已分别电话报公司领导、集团总值班室、市应急管理局、市交通运输局、轨道公交分局"。

行车调度员向全线车站发布取消正常交路运行，执行机投桥站—黄石站小交路运行，黄石站、金星站做好清客及乘客服务工作。

3. 组织公交接驳

预计恢复时间超过 30min，值班主任向副总指挥申请黄石站—金星站启动公交接驳，经批准后，行车调度员向全线发布黄石站—金星站启动公交接驳，同时副总指挥组织公司 2 台大型客车前往支援接驳，公交接驳方案如图 6-7 所示。

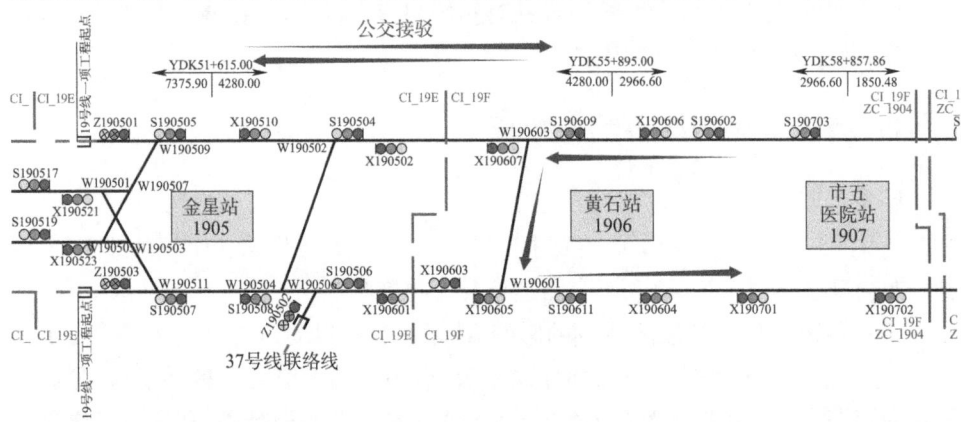

图 6-7 公交接驳方案

黄石站、金星站接启动小交路及公交接驳命令后，行车值班员立即通知各岗位人员启动公交接驳处置方案，安排保安摆放公交接驳牌、保洁张贴告示，并播放相应广播，组织接驳乘客疏散，前往接驳点等候，并通知地铁公安配合；黄石站安排人员做好折返列车清客工作。

安全部收集整理首报书面材料信息，经公司领导审核后报送集团总值班室；安全部接收到集团公司办公室下发书面通稿材料后发送至客运管理部、保卫部，由客运管理部向市交委、保卫部向轨道公交分局报送书面首报通稿材料。

事发分公司出动抢险队伍前往现场，事发车站成立现场指挥部，车站开展应急处置。

应急管理系统执行应急预案，在应急预案模块执行道岔失表、钢轨断裂等应急预案，根据预案流程盯控、指挥现场处置，指引对处置关键节点进行卡控；将大屏幕转换至线网应急模式，自动转换为提前预设的信息显示模板。通过应急看板跟踪各级管理人员、技术人员、抢险人员赶赴现场情况，实时掌握人员的到位情况，通过ATS、CCTV 查看现场情况现场处置情况、线网列车运营秩序；通过客流系统关注线网及各线路重要站点客流变化情况,视情况采取站控、线控、网控措施。

4. 开展乘客转运

值班主任发现行车间隔预计将大于30min,申请金星站下行802次空车前往故障区域利用联络通道进行乘客转运,接驳完毕后,反方向运行至金星站。行车调度员向802次司机及金星站发布区间列车转运命令。副总指挥向总指挥通报区间列车转运、公交接驳及小交路启动情况。党群宣传部持续通过微博持续开展公交接驳、客运组织调整等舆情信息告知和引导。

车站接到行车调度员转运通知后,安排8人(4人负责转运乘客组织、2人负责卡控区间疏散楼梯门、2人负责现场指挥部建立)携带相关备品登乘802次前往故障地点,所有人员添乘完毕后,站台岗向802次司机显示"好了"信号,司机凭站务手信号关门动车。

司机限速40km/h运行至故障地点,运行方向前两节车厢与故障列车运行方向前两节车厢平行对标停车,立即上报行车调度员。行车调度员收到列车停车到位的通知后,要求立即执行区间列车转运。

运营三分公司立即于疏散楼梯处成立现场指挥部,由站区管理人员穿戴现场指挥背心担任现场指挥,指定人员担任联络人,准备现场指挥部备品(背心、袖标、扩音器等)、划分指挥区域,现场指挥将信息报总指挥。维护秩序保安及支援人员到达现场后立即在现场设置锥形桶、三角标,拉伸警示带,维持疏散周围交通秩序。120救护车到达区间疏散点后,现场指挥安排人员带领医护人员前往转移受伤乘客,并进行先期处置。

802次司机告知802次站务人员将解锁802次第二节车厢疏散平台侧第二个车门,站务人员到达解锁车门处。802次司机告知801次司机车门已开启,801次司机播放人工广播,站务人员到达解锁车门后,手动解锁第二节车厢疏散平台侧第三个车门转运乘客。801次列车巡查员从列车运行方向尾端向头端方向清客,802次站务人员引导乘客前往802次,并在引导过程中做好持续监控和提醒,802次安排人员引导乘客往802次中后部走。站务人员确认车厢内乘客转运完毕进入802次后,通过800M集群通信系统通知802次司机,802次司机关闭车门报行车调度员后待令,801次司机关闭车门及蓄电池后报行车调度员。

四、行车调整和抢险

1. 单线双向运营调整

OCC值班主任向COCC申请,为最大限度维持运营,利用802次在金星站—黄石站下行采用单线双向运行,COCC向副总指挥申请同意后批准执行。802次运行至金星站清客换端完毕后,行车调度员向802次及车站发布单线双向运行的命令,要求802次司机在金星站—黄石站下行区间限速45km/h运行,经过故障点时限速10km/h运行。与此同时,金星站、黄石站根据调度单线双向运行命令做好客运组织、清客工作;副总指挥向总指挥通报区间列车转运完毕、单线双向运营情况。

各专业应急值守点人员到达疏散楼梯处,由向现场站务人员申请,站务人员向行车调度员申请,经同意后进入轨行区,立即查看本专业所属设备情况,及时向维修调度员、生产调度报告,工务、车辆、接触网专业值守人员就地等待本专业抢险队伍到达现场。

2. 抢险人员进入现场

17号线车辆、工务、接触网专业抢修人员携带抢修所需工器具及材料到达区间疏散楼梯处,列队于指定区域,设备抢修负责人及各专业负责人向现场指挥报到本专业人员到达情况,并带领本专业队伍至疏散楼梯处待令。各专业设置联络人穿戴袖标,立岗与现场指挥部,后续及时跟进本专业处置进度。接触网、车辆、工务专业抢修人员向现场站务人员申请,站务人员向行车调度员申请,同意后设备抢修负责人组织专业抢修人员进入轨行区。

站区支援人员、区域应急抢险队伍到达现场后向现场指挥报备,现场指挥安排部分人员至协助进行交通疏导,保障抢险通道畅通;安排部分人员协助开展现场警戒。与此同时,现场指挥通报总指挥抢修人员到达情况。各专业进入轨行区后,勘查现场情况,制订处置措施,报设备抢修负责人,设备抢修负责人汇总后报现场指挥、维修调度员,经维修调度员批准,现场指挥报总指挥。

工建专业确认通过给轨道上夹板加固可临时恢复运行,将情况报设备抢修负责人、本专业联络人;车辆专业确认列车无须解编,轮对无擦伤,但位置空间有限,无法使用救援设备起伏,将情况报设备抢修负责人、本专业联络人;供电专业视情况配合接触网专业断送电;接触网专业确认现场拆除接触网,让出汽车起重机起吊空间,供电专业做好断电配合,将情况报设备抢修负责人、本专业联络人。与此同时,安全部收集整理续报书面材料信息,经公司领导审核后报送集团总值班室;安全部接收到集团公司办公室下发书面续报通稿材料后发送至客运管理部、保卫部,由客运管理部向市交通委员会、保卫部向轨道公交分局报送书面续报通稿材料;列车晚点较多,部分车站客流积压,向线网指挥中心申请线路客流控制,线网指挥中心收到后启动线网客流控制,调整故障影响区段晚点信息;党群宣传部持续通过微博持续开展信息公开和舆情引导。

第六章 典型案例分析

公司文家车辆段工务(6人)、车辆(6人)、接触网(6人)专业抢险小队到达现场,各专业副队长到现场指挥部报到后带领人员进入轨行区,与17号线各专业抢修人员会合。与此同时,维修调度员收到通知后,立即通知OCC各调度员,电力调度员确认满足条件后执行供电分区区接触网断电成功;线网指挥中心立即联系吊装公司,请求支援;现场指挥将现场措施及支援情况上报总指挥。

3. 联合开展抢险作业

接触网、工务、行车等专业和吊装公司联合开展现场抢险作业。接触网专业拆除脱轨列车头车上方接触网,腾出起吊空间,拆除完毕后,接触网专业负责人报设备抢修负责人。吊装公司吊装车辆到达现场,现场指挥安排车辆专业人员对接;做好防护后开展列车起吊,车辆专业做好配合,明确起吊点,车辆起吊后平稳地放置于钢轨上,车辆专业负责人报设备抢修负责人,设备抢修负责人组织接触网专业恢复接触网。

接触网专业恢复接触网,待接触网恢复后,报告设备抢修负责人。设备抢修负责人报维修调度员、现场指挥,请求送电。维修调度员通知OCC各调度,电力调度员确认满足条件后执行接触网送电成功。送电成功后,设备抢修负责人组织司机配合车辆专业进行车辆状态评估,经现场测试后,车辆专业负责人报设备抢修负责人列车具备依靠自身动力动车条件,设备抢修负责人报维修调度员、现场指挥。

行车调度员组织801次限速25km/h运行至金星站经出入段线回段检查。待801次列车出清后,工务专业对断道处轨道进行加固处理后,告知设备抢修负责人断轨处具备临时限速通行条件,设备抢修负责人报维修调度员、现场指挥。

设备抢修负责人组织各专业人员及工器具出清轨行区,出清后将故障处置情况及人员出清情况上报现场指挥,现场指挥将处置完成情况报总指挥。设备抢修负责人组织各专业安排人员于黄石站来回添乘下行列车保驾本专业设备安全。行调组织804次列车从黄石站以限速25km/h运行,轧道黄石站—金星站上行区间,确保区间内人员及机具出清,轨行区安全。

五、恢复运营与评估

现场指挥向设备抢修负责人确认车站具备正常运营条件,报总指挥。与此同时,行车调度员通知全线各站、各次列车司机具备正常运营条件,全线各次列车恢复正常载客服务,各站做好客服;并利用多种行车调整手段,尽快恢复正常运营秩序;信息调度在利用综合应急指挥系统(信息发布平台)App、微博发布恢复正常运营信息,同时恢复PIS至正常状态;COCC通知公交集团结束接驳,结束线路客流控制措施;安全部收集整理终报书面材料信息,经公司领导审核后报送集团总值班室;安全部接收到集团公司办公室下发书面终报通稿材料后发送至客运管理部、保卫部,由客运管理部向市交通委员会、保卫部向轨道公交分局报送书面终报通稿材料;副总指挥统计运营恢复情况报总指挥,申请结束Ⅰ级突发事件响应。

事件结束后,根据 ATS、CCTV、录音回放调取及系统对运营影响如晚点、下线、越站、封站等运营指标统计进行分析总结本次事件;对标查找应急管理、应急准备、应急响应的完整性、可操作性;调取应急评估报告模板编写事件评估报告,为公司相关部门向市交通运输局上报此次事件的调查、处置情况提供材料。

第六节 本章小结

本章主要针对自然灾害和事故灾难两类突发事件,分析了水淹、地震、车站和区间火灾以及列车脱轨 5 个典型案例的应急处置过程。自然灾害类突发事件的应急处置依赖快速、准确的监测预警以及应急指引信息,指导乘客避险,最大限度减少人员伤亡。事件处置主要是对造成的破坏进行抢修,同时避免更大的次生灾害。从案例分析中可以看出,强降雨事件造成灾害的严重程度是逐渐加重的,从车站周边积水开始,直至加重到灌入站台和轨行区,同时冲毁在建工程基坑等,造成更大损害。地震灾害具有瞬时发生、避险时间短、地下空间人员疏散困难等特点,从案例分析来看,地震灾害还容易导致地下空间吊顶脱落、钢轨断裂、水管破裂等次生灾害,地震灾害的处置特点主要是引导乘客合理避险,以及最快发现并消除次生灾害,同时,根据地震强度的不同,灾害恢复和评估工作至关重要。

与水淹、地震等自然灾害相比,火灾始终是城市轨道交通系统面临的最大威胁,尤其是对于相对封闭的地下空间,风、烟、火在隧道内形成一个极其复杂的灾害环境,人员救援和疏散的难度极大,目前仍然是全世界城市轨道交通系统防灾的重点和难点。无论是车站火灾还是区间火灾,灾害发生时,最重要的措施就是早发现、早预警、早灭火,灾害发生后的措施主要是人员疏散,即如何在有限的时间内将人员从地下区间、列车或车站内疏散到地面的安全地带,同时减少爆炸、坍塌、物体脱落等对乘客造成的意外伤害。

列车脱轨事件通常是设备故障、区间异物等行车环境改变造成的,很难进行精准的监测预警,脱轨事件的处置关键是快速起复、列车运行调整以及公交接驳等客流转运手段,高度依赖应急指挥系统完成及时、准确的信息传递和资源调度。

本书涉及缩略词

序号	英文简称	英文全称	中文全称
1	ACC	Auto Fare Collection Clearing Center	AFC清分中心
2	ACS	Access Control System	门禁系统
3	AFC	Automatic Fare Collection	自动售检票系统
4	AI	Analog Input	模拟量输入
5	ATO	Automatic Train Operation	列车自动运行
6	ATP	Automatic Train Protection	列车自动保护
7	ATS	Automatic Train Supervision	列车自动监控
8	AO	Analogue Output	模拟量输出
9	BAS	Building Automation System	楼宇自动化系统
10	CBTC	Communication Based Train Control	基于通信的列车控制
11	CCTV	Closed Circuit Television	闭路电视
12	CI	Counter Input	计数输入
13	COCC	Network Contingency and Operating Control Center	线网指挥中心
14	DCC	Depot Control Center	车辆段控制中心
15	DI	Digital Input	数字量输入
16	DLP	Digital Light Processing	数字光处理器
17	EPS	Emergency Power Supply	紧急电力供给
18	FAS	Fire Alarm System	火灾报警系统
19	GIS	Geograhpic Information System	地理信息系统
20	GPS	Global Positioning System	全球定位系统
21	GUI	Graphical User Interface	图形用户界面
22	HMI	Human Machine Interface	人机界面
23	IC	Integrated Circuit	集成电路
24	ISCS	Integrated Supervision Control System	综合监控系统
25	KVM	Keyboard Video Mouse	键盘、视频或鼠标

续上表

序号	英文简称	英文全称	中文全称
26	LED	Light Emitted Diode	发光二极管
27	OA	Office Automation	办公自动化
28	OCC	Operation Control Center	控制中心
29	OPS	Overview Projection System	大屏幕系统
30	PA	Public Address	广播
31	PCC	PIS Control Center	乘客信息系统编播中心
32	PIS	Passenger Information System	乘客信息系统
33	PS	Power Supply	供电
34	PSC	Passenger Service Centre	乘客服务中心
35	PSCADA	Power SCADA	电力监控系统
36	PSD	Platform Screen Doors	站台门
37	PTZ	Pan, Tilt, Zoom	云台全方位移动、镜头变倍、变焦控制
38	RO	Remote Output	远程输出
39	RS	Rolling Stock	车辆
40	SAN	Storage Area Network	存储区域网络
41	SCADA	Supervisory Control And Data Acquisition	远程控制和数据采集
42	SIG	Signaling	信号系统
43	TFOS	Tunnel Fire Detection System	隧道火灾探测系统
44	UPS	Uninterruptible Power Supply	不间断电源

参 考 文 献

[1] 汪茉莉.地铁运营突发事件应急预案流程研究[D].南京:东南大学,2016.
[2] 和子崴.北京地铁大客流应急反应能力评价[D].北京:北京交通大学,2017.
[3] 胡静.超长轨道线路应急救援方法研究[D].重庆:重庆交通大学,2017.
[4] 赵躲.国内地铁突发性事件中高密度人群应急疏散管理研究[D].南京:南京工业大学,2017.
[5] 叶启文.城市轨道交通突发事件管理及人员疏散仿真研究[D].北京:北京交通大学,2017.
[6] 申琛.我国地铁暴恐事件情景链图及应急准备能力体系研究[D].焦作:河南理工大学,2016.
[7] 兰贞.基于历史事故与多交通方式的城市轨道交通应急资源配置研究[D].北京:北京交通大学,2019.
[8] 王英龙.地铁线路网络化运营条件下的应急资源优化配置研究[D].哈尔滨:哈尔滨工业大学,2019.
[9] 徐钰坪.市域轨道交通一体化应急管理关键问题研究[D].成都:西南交通大学,2019.
[10] 张贤淼.多制式区域轨道交通突发事件协同应急决策方法研究[D].成都:西南交通大学,2019.
[11] 高永鑫.基于虚拟现实技术的地铁列车乘客应急疏散研究[D].北京:北京交通大学,2020.
[12] 张江华.突发公共事件应急管理研究[D].上海:复旦大学,2008.
[13] WANG Y Y,TIAN C W. Measure Vulnerability of Metro Network Under Cascading Failure[J]. IEEE Access,683-692.
[14] ALLES M,KOGAN A,VASARHELYI M,et al. Assuring Homeland Security:Continuous Monitoring,Control and Assurance of Emergency Preparedness[J]. Proceedings of Iscram 2004-1st International Workshop on Information Systems for Crisis Response and Management,2004.
[15] GILBERT E,GILBERT S,BONI E,et al. Safety Review of Washington Metropolitan Area Transit Authority (WMATA) MetrorailOperations[J]. 1997.

[16] SHVETSOV A,SHVETSOVA S. Research of a Problem of Terrorist Attacks in the Metro(subway,U-bahn,Underground,Mrt,Rapid Transit,Metrorail)[J]. European Journal for Security Research,2017(2):131-145.

[17] LI Q M,DENG Y L,LIU C,et al. Modeling and analysis of subway fire emergency response:An empirical study[J]. Safety Science,2016(84):171-180.

[18] 吴冰芝,赵华. 城市轨道交通突发事件应急组织方法[J]. 安全,2017,38(11):5-7.

[19] 曲国胜. 基于风险和应急准备能力评估的应急救援能力建设[J]. 安全,2019,40(5):1-6,81.

[20] MOHAMMADI A,AMADOR-JIMENEZ L,NASIRI F. Review of Asset Management for Metro Systems:Challenges and Opportunities[J]. Transport Reviews,2019,39(3):309-326.

[21] 贾思萱,陈莉. 基于提高救灾效能为目标的城市社区应急准备工作的思考[J]. 城市与减灾,2019,129(6):47-51.

[22] 谢天琳,任志林. 美国应急管理机构的变迁与发展[J]. 城市与减灾,2020,134(5):56-61.

[23] 陈斌. 广州地铁线网主所大面积停电故障应急处置探讨与应用[J]. 科技创新与应用,2017,186(2):209.

[24] TANG L Y,ZHAO Y,CABRERA J,et al. Forecasting Short-Term Passenger Flow:An Empirical Study on Shenzhen Metro[J]. IEEE Transactions on Intelligent Transportation Systems,2019(10):3613-3622.

[25] CANOS J H,ALONSO G,JAEN J. A multimedia approach to the efficient implementation and use of emergency plans[Z]. IEEE,106-110.

[26] 卢弋,陈霖,冯伟. 基于案例推理的城市轨道交通应急预警决策[J]. 交通工程,2021,21(1):74-79,85.

[27] 杨彩玲. 地铁跨海隧道应急排水方案研究——以厦门地铁跨海隧道为例[J]. 福建建筑,2020,269(11):104-108.

[28] 张凌翔,阚康. 上海轨道交通运营突发事件应急处置社区联动机制的探索[J]. 城市轨道交通研究,2016,19(8):1-4.

[29] 陈琪,莫义弘,罗钦,等. 基于多部门协同的城市轨道交通应急处置组织结构[J]. 城市轨道交通研究,2019,22(4):77-80,90.

[30] 刘煜,纪红波,张格学. 城市轨道交通运营企业应急预案体系规范化建设的探

讨[J].城市轨道交通研究,2019,22(9):10-13,20.

[31] 李莎莎.防灾韧性城市建设下的灾害风险沟通研究[J].北京规划建设,2018,179(2):22-26.

[32] 刘川."9·11"之后美国应急体制发展及启示[J].管理观察,2019,743(36):81-83.

[33] 闪淳昌,周玲,秦绪坤,等.我国应急管理体系的现状、问题及解决路径[J].公共管理评论,2020,2(2):5-20.

[34] 杨珏,黄慧红,杨柳,等.广州特大城市电网抗击强台风应急管理[J].机电信息,2018,564(30):150-153.

[35] 唐昭,程学庆,迟明,等.基于SD的轨道交通应急救援效能分析[J].交通运输工程与信息学报,2020,18(3):162-171.

[36] 陈钉均,孙运豪,李俊捷,等.重大疫情下铁路应急救援能力评估指标体系构建[J].交通运输工程学报,2020,20(3):129-138.

[37] 刘铁民.美国FEMA近40年变革历程和10年四个战略规划探究(上)[J].劳动保护,2019,532(10):51-54.

[38] 刘景凯.情景构建技术与应急准备能力建设[J].劳动保护,2019,532(10):90-93.

[39] 史聪灵,廖塑棋,李建.城市轨道交通应急指挥车上的新技术[J].劳动保护,2019,534(12):24-25.

[40] 王宏伟.健全应急管理体系的五大路径——对新冠肺炎疫情的思考[J].劳动保护,2020,537(3):13-16.

[41] 吴大明.美国联邦应急预案演变历程与启示[J].劳动保护,2020,538(4):39-41.

[42] 李湖生,刘铁民.突发事件应急准备体系研究进展及关键科学问题[J].中国安全生产科学技术,2009,5(6):5-10.

[43] 刘铁民.事故灾难成因再认识——脆弱性研究[J].中国安全生产科学技术,2010,6(5):5-10.

[44] 刘铁民.突发事件应急预案体系概念设计研究[J].中国安全生产科学技术,2011,7(8):5-13.

[45] 卢勇利,朱昌锋,侯耀文.城市轨道交通车站应急疏散方案决策研究[J].中国安全生产科学技术,2019,15(3):128-134.

[46] 王永明.基于情景构建的应急预案体系优化策略及方法[J].中国安全生产科

学技术,2019,15(8):38-43.

[47] 林晓飞,喻箫,侯正波,等.地铁应急疏散影响因素研究[J].中国安全生产科学技术,2020,16(S1):41-45.

[48] 张业亮.美国应对突发公共卫生事件的机制及其启示[J].美国研究,2020,34(2):5,9-43.

[49] 薛文静,马谦.城市轨道交通网络化运营应急准备的实践与思考[J].中国设备工程,2018,401(16):191-192.

[50] 宋昱.地铁枢纽下沉广场虹吸雨水排水系统施工工艺[J].设备管理与维修,2020,478(16):143-145.

[51] 杨树森.城市轨道交通应急能力建设研究[J].铁道警察学院学报,2020,30(4):20-24.

[52] 李昌宇,李季涛,宋小满,等.基于从众心理的城市轨道交通站内应急疏散仿真研究[J].铁道运输与经济,2016,38(9):77-81.

[53] 宋梅.北京地铁应急会商系统[J].中国新通信,2012,14(11):35-36.

[54] 林立,宋仲仲,汤霖.基于可拓学的地铁突发事件应急能力评价模型[J].现代城市轨道交通,2020(6):89-94.

[55] 耿京乐.地铁及地下空间灭火救援应急通信保障分析[J].消防界(电子版),2020,6(21):87,89.

[56] 隋虎林,乔培玉,刘濛,等.地铁消防应急通信技术及装备[J].消防科学与技术,2016,35(12):1716-1718,1722.

[57] 刘铁民.构建新时代国家应急管理体系[J].中国消防,2020,532(3):14-17.

[58] 帅品格,舒叔军.地铁道岔基坑排水装置研究与应用[J].中国新技术新产品,2020,414(8):98-100.

[59] 许慧,田铖,王永.轨道交通换乘站密集客流应急疏散仿真研究[J].系统仿真学报,2020,32(3):492-500.

[60] 闪淳昌.关于做好应急准备的再认识[J].中国应急管理,2020,158(2):14-15.

[61] 李雪峰.加强应对准备 提高巨灾处置能力[J].中国应急管理,2020,158(2):16-17.

[62] 薛澜,徐建华.提升应急管理风险沟通能力[J].中国应急管理,2020,160(4):14-16.

[63] 韩淑云,孔锋.应急科普:增强全民应急自救能力[J].中国应急管理,2020,

162(6):16.

[64] 宗艳霞.着力提升领导干部应急处突能力[J].中国应急管理,2020,168(12):42-44.

[65] 贾文峥,宋晓敏,廖理明,等.基于情景分析的城市轨道交通应急指挥系统功能需求研究[J].交通运输系统工程与信息,2019,19(2):46-51.

[66] 刘志萍.城市轨道交通车站应急疏散仿真研究[J].综合运输,2018,40(2):64-69,72.

[67] 邢娟娟.重大事故的应急救援预案编制技术[J].中国安全科学学报,2004,(1):2,60-62.

[68] 王朔,朱士友,俞军燕,等.地铁车站应急预案VR模拟与情景设计[J].中国安全科学学报,2019,29(7):183-188.

[69] 刘铁民.将巨灾应急准备和能力建设上升为国家战略[J].中国党政干部论坛,2020,376(3):6-10.

[70] 游志斌.当前美国应急管理体系改革的经验教训及启示[J].中国减灾,2020,370(7):56-59.

[71] 闪淳昌.增强忧患意识 全面提升综合防灾减灾救灾能力[J].中国减灾,2021,388(1):12-15.

[72] 钟开斌.以重大风险情景构建做好巨灾应急准备[J].中国减灾,2021,388(1):31.

[73] 陈虹,李蕊,宋富喜,等.国外突发事件应急救援标准综述[J].灾害学,2011,26(3):133-138.

[74] 刘严萍,王世通,赖迪辉.天津地铁乘客火灾疏散行为特征调查研究[J].灾害学,2017,32(4):169-172.

[75] 许红霞,于涌川,闫健卓.大数据背景下城市多维度风险预测及综合减灾能力建设[J].智能城市,2021,7(3):41-43.

[76] 蔡勤禹,姜志浩.新中国成立以来我国应对重大灾害体制变迁考察[J].中国应急管理科学,2021,(3):22-30.

[77] 张爱玲,杨志刚,王号昌.我国应急管理十年历程[J].中国安全生产,2016,127(10):11.

[78] 沈洪洲,葛飞,袁勤俭,肖国丰.我国突发事件应急管理研究现状及热点主题演进分析——基于2006—2015年国家自然科学基金立项数据的研究[J].中国科学基金,2016,133(3):275-282.

[79] 王国桥,李尧远. 国际灾害风险研究的20年进展与趋势——基于CiteSpace软件的可视化分析[J]. 技术与创新管理,2021,196(2):228-236.

[80] 中共中央党校(国家行政学院)应急管理培训中心. 应急管理典型案例研究报告[M]. 北京:社会科学文献出版社,2021.

[81] 闪淳昌. 重大灾害应对调查评估与应急管理体系建设[M]. 北京:应急管理出版社,2021.

[82] 唐钧. 应急管理与风险治理[M]. 北京:应急管理出版社,2021.

[83] FRANCES L. Edwards. Emergency Response Systems, International Encyclopedia of Transportation[M]. Elsevier,2021.